Sandro Amofa
Qi Xia
Jianbin Gao

Controlo do acesso aos dados com base em cadeias de blocos em redes de dados médicos

Sandro Amofa
Qi Xia
Jianbin Gao

Controlo do acesso aos dados com base em cadeias de blocos em redes de dados médicos

A conta de dados de saúde

ScienciaScripts

Cover image: www.ingimage.com

This book is a translation from the original published under ISBN 978-3-659-96836-5.

Publisher:
Sciencia Scripts
is a trademark of
Dodo Books Indian Ocean Ltd. and OmniScriptum S.R.L publishing group

120 High Road, East Finchley, London, N2 9ED, United Kingdom
Str. Armeneasca 28/1, office 1, Chisinau MD-2012, Republic of Moldova, Europe
Printed at: see last page
ISBN: 978-620-7-85304-5

Índice:

Controlo de acesso a dados baseado em cadeias de blocos em dados médicos

Redes Escrito por

Sandro Amofa
Centro de Cibersegurança, UESTC
Professor Xia Qi

Centro de Cibersegurança, UESTC

Mr. Ray Company Limited.

Professor Jiangbin Gao, Centro Comum de Investigação em Saúde

Digital da Universidade da Pensilvânia/UESTC

RESUMO

A aplicação das tecnologias da informação e da comunicação aos cuidados de saúde facilitou a partilha conveniente de registos médicos. Os registos de saúde electrónicos (RSE, como são designados) permitem a transmissão rápida dos registos dos doentes entre estabelecimentos e pessoal de cuidados de saúde, de modo a permitir o fornecimento de informações atempadas sobre as condições dos doentes para a prestação de serviços de cuidados eficazes e uma maior eficiência na gestão dos custos associados. Estes registos pertencem à categoria das informações pessoais identificáveis (IPI). São muito sensíveis e, desde há algum tempo, têm sido alvo de cibercriminosos e fraudadores, uma vez que os métodos tradicionais de controlo do acesso aos mesmos se revelaram inadequados. Nos últimos anos, registaram-se vários ataques de alto nível às redes informáticas das unidades de saúde, que têm vindo a aumentar. Para além da perda de controlo sobre os seus dados, uma vez que as instituições de saúde, os prestadores de seguros médicos e outras partes interessadas mantêm os seus próprios silos de dados, o doente é confrontado com outras questões que ameaçam a sua privacidade e segurança e, consequentemente, a qualidade dos serviços de saúde. Tudo isto tem um impacto negativo no doente.

Neste trabalho, são concebidos um mecanismo de controlo de acesso e um sistema para mediar o acesso e o controlo dos dados dos doentes utilizando a tecnologia de cadeia de blocos e contratos inteligentes. Em seguida, utilizando os registos das transacções e os seus carimbos de data/hora associados, é criada uma construção designada neste trabalho por Conta de Dados de Saúde, que destaca as interacções dos doentes com profissionais de saúde e investigadores e regista as transacções de dados na rede. Ao utilizar a cadeia de blocos para armazenar registos de transacções sobre os dados dos doentes, é fornecido um meio para verificar os resultados da investigação com base nos dados referenciados, fornecer um registo imutável de eventos e apresentar ao doente uma visão contígua das transacções com instituições de cuidados de saúde, pessoal e entidades interessadas nos seus dados.

Palavras-chave: Blockchain, controlo de acesso, registo eletrónico de saúde, propriedade de dados, conta de dados de saúde.

Capítulo 1

1.1 Antecedentes

Desde os primeiros tempos de caça e recolha da humanidade, é um princípio da natureza que o valor atrai atenções indesejadas[1] e, consequentemente, é necessário um meio de limitar o acesso ao valor (recursos). Os meios de limitar o acesso aos objectos começaram na altura com portas e guardas armados e progrediram para fechaduras e chaves[2]. Com o tempo, seguiram-se várias invenções inteligentes para manter afastado o foco indesejado. Com a chegada da era dos computadores e das redes, a sua capacidade de transformação rápida e adaptativa dos ambientes, o processamento da informação e a vantagem que proporcionavam às pessoas que os utilizavam levaram à migração destas mesmas ideias de controlo para o mundo digital[3]. Coletivamente, estas ideias passaram a ser conhecidas como controlo de acesso e têm sido amplamente investigadas e aplicadas nos sistemas de informação.

O controlo de acesso refere-se ao conjunto de mecanismos, processos e/ou técnicas que funcionam em conjunto para proteger os activos digitais, infra-estruturais, financeiros, etc. de uma organização. No ambiente digital, é de importância crítica para a segurança dos recursos de informação, ajudando a proteger contra ameaças e a mitigar vulnerabilidades conhecidas, reduzindo consideravelmente ou eliminando a exposição a entidades não autorizadas e, consequentemente, a actividades. Sendo a primeira linha de defesa na proteção de dados, redes e recursos digitais[4], o seu sucesso, mesmo que despercebido, faz a diferença entre um sistema fiável e outro que não o é. Por conseguinte, a incapacidade de definir corretamente os limites dos recursos em termos das suas utilizações, importância, vulnerabilidades, impacto na atividade durante um determinado período de tempo e riscos associados implica, em última análise, que não serão dedicados recursos suficientes à sua proteção, conduzindo assim a um compromisso[5].

Cada sistema ou mecanismo de controlo de acesso tem o seu próprio conjunto de características e capacidades administrativas, atributos e funções que permitem a configuração de políticas de controlo de acesso. Estas políticas devem ser cuidadosamente elaboradas para apoiar os objectivos comerciais e cumprir os objectivos de segurança definidos. É necessário um grande cuidado e atenção aos pormenores para especificar a forma como o acesso é gerido e que entidade pode aceder a que informações, em que momento e em que circunstâncias o acesso é permitido[6].

1.2 Definição

Formalmente definido, o Controlo de Acesso é o processo que permite que apenas utilizadores, programas ou outros sistemas informáticos autorizados (ou seja, redes) observem, modifiquem ou tomem posse dos recursos de um sistema informático. É um mecanismo para limitar o uso de alguns recursos a utilizadores autorizados[7].

1.3 Incidentes: Ataque à Sony e Wannacry

Nos últimos anos, a informação sensível tem sido regularmente comprometida por activistas, instituições (com inclinação ou motivação para tal) e cibercriminosos, o que tem afetado gravemente a reputação de todos os utilizadores afectados[8]. Estas entidades utilizam os seus conhecimentos de tecnologia informática, infra-estruturas e protocolos de comunicação para atacar sistemas que alojam informações. A maioria destes sistemas (designados neste trabalho por redes de dados) contém informações sensíveis de identificação pessoal (IPI) sobre os indivíduos que visam. Os motivos dos atacantes vão desde ganhos financeiros a declarações políticas ou à promoção de uma causa[9]. O hack da Sony de 2014 pode ser recordado. Nessa violação, um grupo de piratas informáticos que se intitulava "Guardians of Peace" (GOP) comprometeu os dados (cerca de 100 terabytes) e a rede da empresa de entretenimento, paralisando eletronicamente o gigante mundial do entretenimento e permitindo que outras pessoas com acesso à sua lixeira publicassem seletivamente informações confidenciais e mensagens de correio eletrónico da empresa e dos seus clientes à vontade[10]. Esta situação paralisou a empresa durante dias e calcula-se que tenha custado à Sony 15 milhões de dólares só em investigações e custos de reparação. Os danos causados à reputação das vítimas foram muito abrangentes, uma vez que os registos pessoais de mais de 4000 empregados, antigos e actuais, foram descarregados em linha, incluindo correspondência, palavras-passe em texto claro, números de segurança social, informações sobre os salários das vítimas, etc. [11]. Era evidente que o controlo de acesso, a primeira linha de defesa, falhou. Se a Sony recuperou verdadeira e totalmente do ataque é uma questão de especulação que poderá nunca ser totalmente esclarecida[12].

Em abril e maio de 2017, um ransomware e algumas das suas variantes que foram identificadas como "Wannacry" atingiram várias organizações predominantemente na Europa e nos Estados Unidos. Simplesmente encriptou dispositivos de armazenamento que continham dados necessários para as operações destas empresas. Quando os utilizadores tentavam aceder aos dados, era-lhes pedido que fizessem pagamentos em Bitcoin para um determinado endereço: um resgate[13]. Os hospitais e os pontos de prestação de cuidados de saúde foram particularmente afectados. Isto significava que, mesmo que os dados contidos nas suas infra-estruturas informáticas não tivessem sido transmitidos a terceiros, o que, de acordo com várias regulamentações do sector, constituiria uma violação, não estavam disponíveis quando os médicos e outros profissionais precisavam deles. Tratou-se de um ataque global às redes e aos dados que exigiu que as vítimas desembolsassem 300 dólares cada uma para que o acesso individual fosse restabelecido, ou mais, se o alvo fosse uma instituição inteira. Os hospitais afectados foram obrigados a desligar os seus sistemas e a recorrer ao uso de papel e caneta para tomar notas. Também emitiram alertas pedindo aos pacientes que não se dirigissem ao hospital, exceto em caso de emergência. Ataques semelhantes tiveram lugar em 2016 e nos meses e anos anteriores em vários países. Em 2016, vários hospitais do Reino Unido, atingidos por ataques de ransomware, foram forçados a adiar as suas operações, incluindo cirurgias planeadas[14]. Tratou-se de uma situação grave que afectou claramente os doentes.

A questão aqui levantada, embora faça parte da categoria mais vasta da segurança das redes e da cibersegurança, é a do controlo do acesso. Os administradores dos "sistemas vítimas" não conseguiram proteger suficientemente as suas infra-estruturas contra a ameaça crescente de intrusão cibernética, daí a vulnerabilidade e subsequente exploração pelos cibercriminosos.

Basta então dizer que o controlo de acesso é fundamental para o bem-estar geral e a sobrevivência a longo prazo de qualquer empresa e não apenas para a segurança dos seus activos de informação. Quando mal aplicado ou mal implementado em redes de dados médicos, o controlo de acesso apenas leva à criação de um sistema que, embora pareça seguro para os seus administradores, está aberto a compromissos.

1.4 Métodos

É importante notar que os sistemas em discussão (sistemas informáticos, redes de dados, bases de dados, ficheiros, etc.) são normalmente considerados seguros, com muitos esforços para descobrir falhas e implementar processos que (espera-se) colocam a sua segurança para além das capacidades dos atacantes. Infelizmente, estas medidas apenas permitiram que os administradores dos sistemas em causa se entregassem a uma falsa sensação de segurança[15]. Os métodos tradicionais de proteção destes sistemas, bens e infra-estruturas digitais incluem a utilização de mecanismos que exigem um ou uma combinação (multi-fator) de fichas para autorizar um utilizador a aceder a determinados recursos:

0 O que um utilizador sabe, por exemplo, palavras-passe, PINs

0 O que um utilizador tem, por exemplo, Token de chave USB, Firewalls

0 O que é um utilizador, por exemplo, impressões digitais, etc.

0 Pertencer a um grupo, por exemplo, gestores de serviços numa empresa

Figura 1-1 Uma infografia das palavras-passe mais comuns utilizadas atualmente [16].

1.5 Operações

Para tomar decisões de controlo de acesso que permitam ou recusem recursos aos requerentes, os sistemas são concebidos de forma a comparar as credenciais apresentadas com as listas de controlo de acesso "residentes na memória do sistema" e, quando bem sucedidas, autorizar o acesso e monitorizar a utilização. De ponta a ponta, são incluídos procedimentos de identificação, autenticação, autorização e auditoria. Formalmente, pode ser definida uma matriz de controlo de acesso ou matriz de acesso (AM) para os sistemas, de modo a que existam direitos de cada *sujeito* (entidades que realizam acções no sistema) relativamente a cada *objeto* (recursos cujo acesso deve ser controlado). Matematicamente, existe um conjunto de objectos *O*, um conjunto de sujeitos *S* e um conjunto de direitos *R, de tal* modo que existe um conjunto de direitos *R* da forma *r(s, o)* em que $s \in S$, $o \in O$ e $r(s, o)$ *i* R. A partir da notação dada, os direitos determinam o tipo de acesso que é concedido a um sujeito num objeto[17] e são compostos pelas acções, capacidades e privilégios concedidos a um sujeito no sistema.

Os mecanismos fiáveis de controlo do acesso permitem igualmente a auditoria periódica das contas dos utilizadores [18], de modo a que as acções possam ser associadas a utilizadores específicos e sejam tomadas medidas/sanções adequadas para manter a integridade do sistema e/ou dos recursos. Idealmente, a reavaliação dos atributos dos objectos dinâmicos e, consequentemente, das políticas deve também ser efectuada periodicamente, de modo a que a alteração das necessidades comerciais ou dos requisitos do processo não coloque inadvertidamente os objectos protegidos ao alcance de utilizadores não autorizados. Tecnicamente, as políticas são elaboradas a partir de componentes referidos em alguma literatura como Primitivas de Controlo de Acesso. Estas primitivas incluem sujeitos e objectos, bem como as acções, capacidades e privilégios que lhes estão associados, estabelecidos através de métodos definidos pelo sistema ou administrativos. As primitivas são enumeradas a seguir, de acordo com a documentação do NIST[19].

Objeto: Trata-se de uma entidade ativa (uma pessoa, dispositivo ou processo) que faz com que a informação flua entre objectos ou altera o estado do sistema. Tecnicamente, é um par processo/domínio. O sujeito não pode ser eficaz sem a existência de objectos.

Objeto: O objeto é uma entidade passiva. O seu papel no sistema gira em torno da receção, do armazenamento ou do envio de informações. O pedido de acesso a qualquer objeto sugere normalmente o acesso às informações que este contém. Exemplos de objectos incluem componentes de hardware e software, como bases de dados ou tabelas

dentro delas, páginas Web, directórios, processos e programas, bem como processadores, ecrãs (monitores), teclados, relógios, impressoras e, na verdade, qualquer dispositivo que possa servir de nó numa rede.

Ação: A ação refere-se ao processo ativo invocado por um sujeito. O sujeito está autorizado a executar a ação sobre um determinado objeto. A ação é, portanto, uma operação específica aplicada a um objeto, como a leitura, a escrita ou mesmo a deslocação, pelo que o objeto requer proteção. Afinal, alguns sujeitos podem ser maliciosos e as acções que executam podem ser calculadas para destruir o objeto ou o seu conteúdo de dados.

Capacidade: Uma capacidade (conjunto de acções permitidas) está associada a um sujeito, normalmente em relação a um objeto específico. Uma lista de capacidades corresponde a uma linha da matriz de controlo de acesso definida para um sistema. Cada entrada na lista é uma capacidade que especifica um par (ou seja, conjunto de acções, objeto).

Privilégios: Os privilégios restringem ainda mais o espaço de acesso. Garantem que apenas os sujeitos "privilegiados" podem realizar determinadas acções em determinados objectos, em vez de qualquer sujeito autenticado poder aceder a toda a informação. O conceito de privilégio é fundamental e torna possíveis os conceitos de "privilégio mínimo" e "separação de funções". Um privilégio individual pode ser considerado como uma tupla primitiva da forma, (*s*, *a*, *o*) onde

- *s* é um sujeito pertencente ao conjunto de sujeitos do sistema (*S*),
- *a* é uma ação pertencente ao conjunto de acções (*A*), e
- *o* é um objeto pertencente ao conjunto de objectos do sistema (*O*).

Relativamente a um privilégio (*s*, *a*, *o*), diz-se que (*a*, *o*) é uma capacidade de *s*, e (*s*, *a*) diz-se para ser uma entrada de acesso a *o*. Embora o conceito de privilégio vá além dos produtos e modelos, as representações de privilégios (quer sejam regras, relações, matrizes ou listas de controlo de acesso) variam muito e são utilizadas em função dos requisitos de uma organização e postura de segurança.

Quadro 1-1 Exemplo de matriz de controlo de acesso

	Sistema operativo	**Software de contabilidade**	**Ficheiro**	**Dispositivo**
Alice	Ler, escrever, anexar, executar, próprio	Ler, escrever	Ler	Escrever
Bob	Ler, escrever	Ler, executar	Escrever	
Carol	Ler	Ler	Ler	Ler

1.6 Modelos de controlo de acesso

Para organizar e proteger os sistemas e os dados de atenções injustificadas, o acesso a contas, processos, tópicos, etc. nos sistemas de informação é aplicado de várias formas diferentes, dependendo dos atributos dos recursos, tais como a sua criticidade, sensibilidade, etc., em relação aos requisitos e processos empresariais. Os controlos utilizados enquadram-se geralmente numa das seguintes categorias ou em qualquer híbrido desenvolvido a partir delas:

1.6.1 Controlo de acesso obrigatório (MAC)

Com este modelo, o controlo do acesso é determinado pelo sistema e baseado em políticas. Os indivíduos ou entidades não estão autorizados a alterá-las devido à rigidez das políticas do sistema. As implementações do controlo de acesso obrigatório permitem que as autoridades responsáveis pela aplicação da lei acedam a informações pessoais de indivíduos, como passaportes e informações de viagem, sem a autorização do referido indivíduo. Em ambientes digitais, o sistema operativo restringe a capacidade de os processos ou threads executarem operações em objectos como ficheiros e directórios. O ponto forte deste modelo é a codificação e a aplicação das melhores práticas em todo o sistema [20]. Consequentemente, é amplamente adotado em protocolos e sistemas de comunicações militares em que as situações, embora possam ter algum dinamismo, têm aspectos que são normalmente predeterminados. Como pode ser evidente pelos seus atributos, é extremamente rígido e não é adequado para ambientes com factores e atributos em constante mudança.

Os sistemas baseados em MAC podem classificar excessivamente os dados para limitar o acesso aos objectos. Ao fazê-lo, podem prejudicar a produtividade, o que pode causar problemas quando aplicados em ambientes empresariais. Este desafio não pode ser resolvido porque os modelos MAC não têm espaço para operações de utilizador independentes de políticas.

1.6.2 Controlo de acesso discricionário (DAC)

Neste caso, o controlo de acesso é imposto aos dados (ou mesmo ao objeto restrito) através de políticas definidas pelo seu proprietário ou por agentes designados pelo proprietário. É amplamente implementado em vários sistemas operativos devido à sua flexibilidade. O seu principal inconveniente é permitir que os utilizadores definam políticas de controlo de acesso aos objectos que possuem que podem ser inconsistentes com as políticas globais. O facto de um atacante poder executar software malicioso para alterar as políticas de acesso em nome do proprietário também não é de bom augúrio [21]. Por exemplo, ao definir permissões de acesso a um ficheiro, um utilizador pode muito facilmente controlar a forma como um software malicioso, como um cavalo de Troia, interage com o sistema em geral. Isto tem implicações não só para o sistema em questão mas para toda a rede. Não obstante a sua flexibilidade e a sua capacidade de atribuição de permissões de pormenor, os sistemas DAC podem abrir um sistema a ataques, tornando muito difícil, se não impossível, a manutenção do sistema e a verificação das políticas de segurança do sistema[22]. Isto acontece porque os utilizadores controlam as permissões de acesso aos objectos detidos.

1.6.3 Controlo de acesso baseado em atributos (ABAC)

É o caso dos sistemas que aplicam o controlo de acesso através de políticas que avaliam o utilizador, o(s) recurso(s) e/ou o ambiente (condições prevalecentes) no momento do acesso. É um modelo de autorização mais avançado que incorpora o acesso dinâmico, baseado no risco e contextualizado aos recursos para cumprir vários regulamentos. Os atributos referem-se aqui a propriedades que descrevem todas as entidades que devem ser avaliadas antes de conceder acesso a um recurso. Permitem a expressão de políticas muito ricas e de um acesso muito pormenorizado em comparação com outros modelos[23]. Essencialmente, permite a concessão de permissões de acesso aos dados com base nos resultados da avaliação dos atributos. No entanto, os sistemas ABAC não estão isentos de desafios. No momento em que o trabalho, a função, o departamento ou a localização geográfica de um utilizador muda, as suas permissões de acesso também podem mudar.

Muitas vezes, na empresa, os sistemas recorrem ao Microsoft Active Directory para a gestão de permissões. Observou-se que a utilização de grupos aninhados causava vários minutos de atraso. O sistema tem de calcular as permissões resultantes depois de contactar o Active Directory para obter os direitos ou privilégios de acesso de um utilizador. A criticidade do sistema pode não suportar este atraso e, por conseguinte, constitui uma desvantagem do controlo de acesso baseado em atributos.

1.6.4 Controlo de acesso baseado em funções (RBAC)

Permite o acesso a objectos com base na função (papel) do requerente no sistema. Permite aos administradores de sistemas especificar os conjuntos de transacções que os utilizadores ou conjuntos de utilizadores podem efetuar no sistema ou na rede. Surgiu como uma solução para a questão que os administradores de sistemas de redes sem fios colocavam, nomeadamente, como conceder acesso à rede e determinar quem estava a aceder à rede, como o fazia e de onde o fazia. Esta informação ajudaria a determinar e a elaborar políticas adequadas para controlar o nível de acesso. Por conseguinte, há uma necessidade inerente de definir funções. Nos sistemas RBAC, o conceito de "função" é fundamental: são atribuídas funções aos utilizadores e o acesso é concedido às funções para permitir permissões (autorizações) de utilização de objectos[24]. As suas vantagens consistem em permitir uma visibilidade granular dos utilizadores e/ou dispositivos aos administradores de sistemas e redes. É particularmente adequado para a aplicação do princípio fundamental do controlo do acesso "privilégio mínimo", que garante que os utilizadores têm apenas os direitos de acesso aos recursos de que necessitam para desempenhar as suas funções e nada mais. É possível que também apresente algumas melhorias de desempenho: Os serviços e o tráfego de aplicações são recusados no ponto de entrada na rede, pelo que se poupa uma valiosa largura de banda. Uma desvantagem conhecida é que, uma vez que atribui funções estaticamente aos utilizadores, não é possível alterar os direitos de acesso sem alterar as funções associadas, sacrificando assim a flexibilidade do sistema.
modelo.

1.6.5 Controlo de acesso com base no historial (HBAC)

Este modelo de controlo de acesso trata da concessão ou recusa de acesso com base na avaliação em tempo real das actividades passadas do requerente. Por outras palavras, o controlo de acesso baseia-se na conjugação do histórico de execução [25] com o pedido atual. Este modelo surgiu como resposta à necessidade de os programas e processos em execução respeitarem as políticas de confidencialidade dos dados onde já existia alguma forma de controlo de acesso dinâmico. As políticas de acesso podem ser explicitamente indicadas para um objeto, mas várias interacções entre múltiplas entidades na rede e as suas permissões de acesso individuais podem invalidar as permissões efectivas em tempo de execução. As permissões de acesso baseadas apenas na avaliação do histórico de execução podem revelar-se insuficientes para proteger adequadamente um objeto. Mais uma vez, os sistemas HBAC podem ser problemáticos, uma vez que foi demonstrado que podem dar origem a fugas de informações confidenciais.

1.6.6 Controlo de acesso com base na identidade (IBAC)

Este modelo permite o acesso aos recursos do sistema com base na familiaridade da Lista de Controlo de Acesso em uso com a identidade do utilizador. Como o nome indica, o modelo depende da identidade de um indivíduo, processo de sistema ou entidade para a concessão de autorização de acesso aos recursos de um sistema digital protegido. É trivial detetar que os desafios à gestão da identidade ou às listas de controlo de acesso podem resultar em ataques de negação de serviço a sistemas protegidos com controlos de acesso baseados na identidade. Mais uma vez, com as extensões digitais de pessoas em sistemas omnipresentes num mundo hiperconectado, não é muito difícil falsificar tokens e, assim, vencer sistemas que se baseiam em tokens para identificar entidades num sistema[26]. O desafio deste modelo não reside nos seus fundamentos matemáticos e teóricos: reside na implementação de sistemas de identificação digital e no facto de ser incrivelmente difícil de os acertar. Afinal de contas, os atacantes estão normalmente um passo à frente e precisam de explorar apenas um ponto vulnerável que conhecem para tornar os sistemas inseguros! Por outro lado, os criadores precisam de fazer com que todos os pormenores e mecanismos de implementação funcionem na perfeição para tornar um sistema verdadeiramente seguro.

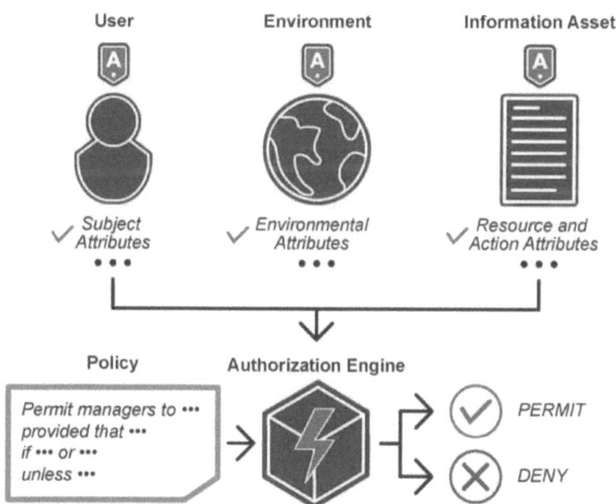

Figura 1-2 Diagrama do controlo de acesso baseado em atributos [27].

Os métodos de controlo de acesso acima referidos têm várias aplicações, a maioria das quais é utilizada para proteger dados e redes de governos, indústrias, empresas e indivíduos. Foi provado repetidamente como é importante que a entidade requerente, seja ela um processo, um indivíduo ou um nó de rede, tenha o nível de acesso correto. Por seu lado, o sistema protegido, através do seu mecanismo de controlo do acesso, deve implementar, entre outros, os objectivos fundamentais do controlo do acesso que consistem em garantir a utilização legítima, a separação de funções e o "privilégio mínimo". O incumprimento destes objectivos tem consequências de que a era digital tem demasiados exemplos. A necessidade de segurança dos dados é duplamente crítica quando se trata de informações médicas, o tema final deste documento, sobre indivíduos, como as que são armazenadas em redes de dados médicos. As questões de segurança são as mesmas, quer as ameaças aos dados e à rede provenham do interior da instituição de cuidados de saúde que recolhe os dados, quer provenham de cibercriminosos que visam um repositório de dados médicos.

Depois de ter introduzido suficientemente o tema do controlo do acesso e da utilização de dados, com ênfase nas redes de dados médicos, a atenção volta-se agora para a cadeia de blocos. Este trabalho propõe-se abordar os desafios do controlo do acesso utilizando a tecnologia da cadeia de blocos e, nesse processo, introduzir algumas ideias que transcendem o sector financeiro que lhe deu origem. A Bitcoin e a cadeia de blocos são apresentadas a seguir.

1.7 Contexto da cadeia de blocos Bitcoin

Nos últimos anos, desde a publicação do famoso artigo de Satoshi Nakamoto[28], a moeda criptográfica por ele proposta (Bitcoin) ganhou terreno e está a caminho de revolucionar[29] a forma como fazemos negócios e mantemos registos das transacções[30]. O que é brilhante na moeda proposta é a forma como procura permitir transacções em ambientes sem confiança[31] e a inovação que torna este modelo possível. O modelo é completamente descentralizado[32], ou seja, funciona sem a necessidade de árbitros de confiança e terceiros que quase todos os modelos financeiros têm. No ambiente financeiro atual, não é apenas difícil realizar transacções sem um terceiro de confiança disponível: é impensável.

É aqui que entra a magia da bitcoin e da sua tecnologia subjacente: a blockchain. A cadeia de blocos é um livro-razão público distribuído (DPL) de transacções[33] que pode ser verificado por todos os nós da rede de cadeias de blocos da bitcoin[34]. A natureza distribuída do livro-razão significa que existe um registo de todas as transacções visível e disponível para todos os nós. Isto garante a deteção de gastos duplos[35] e a repreensão do nó infrator, se necessário[36]. As transacções são verificadas após a sua ocorrência e agrupadas em "blocos". As transacções recentemente verificadas são então adicionadas à lista de blocos à medida que ocorrem, criando assim a cadeia de blocos, com cada bloco criptograficamente ligado ao anterior[28]. A natureza da cadeia de blocos garante que a adulteração das transacções (reescrever o historial) é computacionalmente dispendiosa e, por conseguinte, inviável. Esta propriedade da cadeia de blocos torna-a a tecnologia ideal para assegurar e proteger transacções entre partes mutuamente suspeitas, uma vez que pode resolver problemas de armazenamento de registos que devem ser absolutamente invioláveis[37].

O sector financeiro foi o primeiro a aproveitar as oportunidades que a tecnologia de cadeias de blocos oferece para garantir transacções seguras e, desde então, muitas outras indústrias aderiram, incluindo a defesa (os Departamentos de Defesa dos Estados Unidos, Segurança Interna, etc.), o sector imobiliário e os minerais preciosos[38]. O interesse por esta tecnologia é enorme, uma vez que se trata de

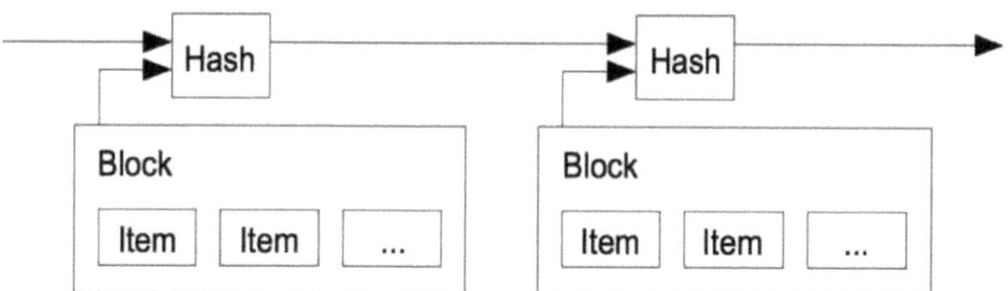

Figura 1-3 Bitcoin blockchain - cada bloco contém o hash do bloco anterior [39].

pelos investigadores como uma tecnologia maleável e facilmente adaptável para resolver vários problemas. Entre entidades mutuamente suspeitas, a utilidade da cadeia de blocos é a sua capacidade de detetar fraudes e modificações não autorizadas[40].

A capacidade da cadeia de blocos para manter um registo permanente das transacções (começando com um "bloco de génese" e continuando perpetuamente) e a natureza distribuída da rede trazem consigo certas vantagens. Se os registos, uma vez introduzidos na cadeia de blocos, dispuserem de várias protecções contra a revisão e/ou a adulteração, então garante-se a manutenção de uma versão dos registos apoiada por um consenso geral da rede[40]. Com estas observações, foi dado um passo no sentido de colocar os registos de saúde electrónicos na cadeia de blocos para garantir a resistência à adulteração (tendo em mente a investigação) e a proteção dos doentes privacidade[41]. As vantagens deste paradigma são várias e ainda não foram todas investigadas.

O Departamento de Saúde e Serviços Humanos (HHS) dos Estados Unidos (através do Gabinete do Coordenador Nacional, ONC) já está a solicitar trabalhos de investigação relacionados com aplicações de cadeias de blocos nos cuidados de saúde e na investigação no domínio da saúde[42]. Alguns propuseram que a cadeia de blocos fosse a solução para o problema da adulteração dos resultados dos ensaios clínicos (mudança de resultados, dragagem de dados, etc.) e para evitar a publicação selectiva de resultados, que mina a confiança na investigação científica [43], [44], de modo a aumentar a confiança nos resultados da investigação.

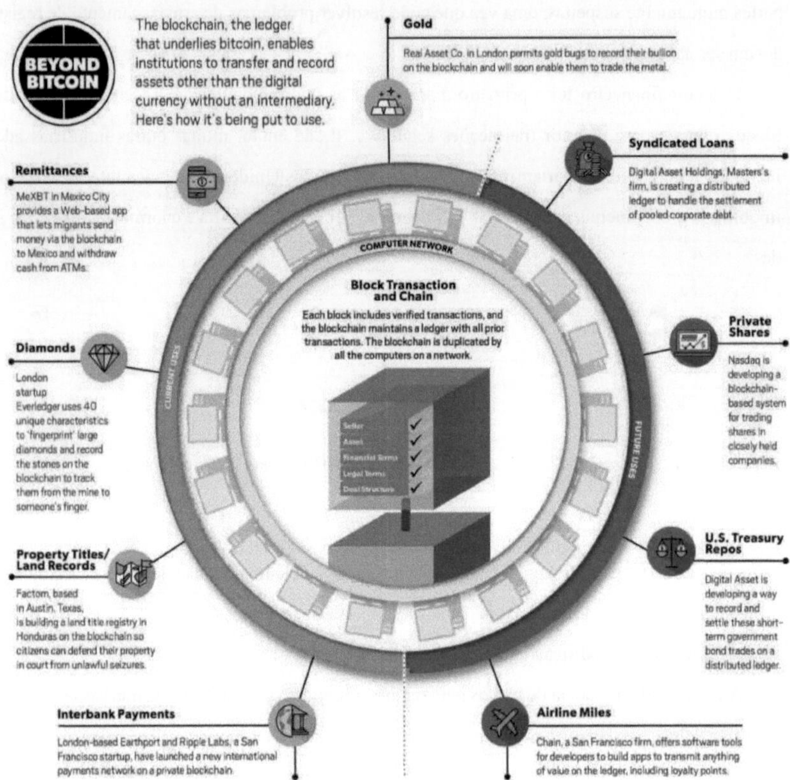

Figura 1-4 Para além da Bitcoin - casos de utilização da cadeia de blocos noutros sectores [45].

Com tantos dados pirateados ou violados de alguma forma todos os anos[46], há um apelo para uma maior segurança dos dados médicos[47] e com razão, numa altura em que a fusão[48] de Big Data, o Quantified Self, a Medicina de Precisão e outros paradigmas tecnológicos tornaram a privacidade dos indivíduos um objetivo verdadeiramente difícil de alcançar[49].

O movimento Quantified Self (QS) ganhou terreno com a proliferação de dispositivos portáteis de tamanho cada vez menor que recolhem dados sobre quase todos os aspectos da vida dos indivíduos. Alimentado pelos avanços tecnológicos e por factores sociais, o movimento do "Quantified Self" continua a contribuir maciçamente para a revolução dos grandes dados. O Quantified Self, também conhecido como self-tracking, tem como objetivo melhorar o estilo de vida e as realizações, medindo e analisando os principais dados de desempenho numa série de actividades. As pessoas monitorizam, recolhem e enviam constantemente dados sobre si próprias através da Internet. Os dados recolhidos incidem normalmente no consumo, nas funções corporais, nas actividades físicas, nos sintomas médicos, nos parâmetros espaciais, nas estatísticas fisiológicas e na saúde mental[50].

Figura 1-5 Uma infografia sobre o Quantified Self [51]

A natureza dos dados recolhidos e transmitidos através de ligações de comunicação frequentemente inseguras torna imediatamente evidente que comprometer a privacidade das pessoas envolvidas não é tão difícil como deveria ser[52]. De facto, alguns investigadores implementaram mesmo sistemas que podem identificar (localizar e seguir) as pessoas que contribuem com esses dados. Por conseguinte, é necessário proteger os dados recolhidos a "nível individual". Deveria ser possível proteger os dados de modo a que o indivíduo continue a ter acesso e controlo sobre os dados que gerou e transmitiu e a conceder esse acesso a quem quiser, com a opção de revogar o referido acesso em função das condições encontradas com a utilização dos dados para apoiar os modelos emergentes de cuidados de saúde orientados para o doente[53].

Com o perigo claro e presente para os dados gerados pela comunidade de QS ainda em grande parte por resolver[50], acrescentar os desafios da segurança dos dados da medicina de precisão e os muitos cenários possíveis em caso de violação é uma fonte constante de preocupação para o sector da saúde e as suas entidades reguladoras[54]. A tecnologia de cadeias de blocos tem muitas aplicações e acredita-se que seja segura contra ataques, uma vez que os ataques até à data se revelaram inviáveis sem deixar provas de adulteração[55]. Existem essencialmente dois tipos de cadeias de blocos: as cadeias de blocos públicas e as cadeias de blocos privadas. Uma cadeia de blocos pública é uma plataforma em que qualquer nó da rede pode ler e escrever dados, desde que possa apresentar a prova de trabalho necessária para o efeito[28], [36]. As blockchains públicas são consideradas totalmente descentralizadas. Uma cadeia de blocos privada, por outro lado, permite que o proprietário dos dados tenha o direito de fazer modificações nos dados e/ou nas transacções.

A cadeia de blocos é essencialmente uma estrutura de dados que permite a gravação e o armazenamento (registo permanente) de todas as transacções[56]. Com a utilização de um sistema descentralizado de registo de tempo, como o que já está disponível na cadeia de blocos, é possível utilizar os relógios como um componente do consenso descentralizado para determinar a validade dos dados, bem como os estados actuais como um método para ordenar eventos e, assim, implementar contratos inteligentes em benefício tanto do detentor dos dados como dos investigadores interessados nos dados[55].

O que propomos neste livro é um sistema que protege o acesso aos registos de saúde do paciente e lhe permite contribuir com dados úteis para análise por outras partes

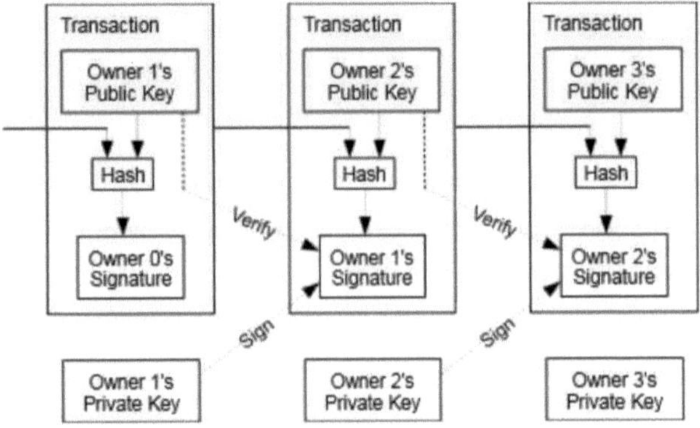

Figura 1-6 A estrutura da cadeia de blocos da bitcoin [57].

e ainda manter o controlo sobre os dados. As propriedades da cadeia de blocos tornam este esquema uma possibilidade, pelo menos em teoria, e são exploradas neste livro. O termo rede de dados médicos, tal como utilizado neste livro, refere-se a redes digitais que existem para facilitar a transferência de informações de saúde dos pacientes dentro e entre instituições de saúde.

1.8 Significado

A partilha é a base da cooperação entre várias sociedades e grupos e, por conseguinte, impulsiona a produtividade, o progresso e o crescimento. O domínio da medicina não é exceção a esta regra. Os médicos, os investigadores e as suas instituições lideram a investigação de novas terapias e tratamentos para doenças, enfermidades e outros desafios médicos com que o mundo se confronta. Para prosseguir a sua causa, os dados sobre a(s) condição(ões) dos doentes são essenciais para um diagnóstico, descoberta e análise correctos. Isto cria um desafio, uma vez que o acesso aos dados implica normalmente a invasão da privacidade e a perda de controlo dos dados por parte dos doentes. Normalmente, os doentes combatem as ameaças à sua privacidade retirando a opção de revelação total do seu estado de saúde ao pessoal médico. A consequente falta de dados afecta não só a qualidade da prestação de cuidados de saúde ao doente, mas também a qualidade da investigação que envolve as informações que este divulga. Trata-se de uma questão séria que não pode ser ignorada se quisermos melhorar a atual prestação de cuidados de saúde centrados no doente. Uma prestação de serviços que não tenha em conta desafios antigos como a segurança e a privacidade terá, sem dúvida, poucos resultados. Por conseguinte, é fundamental fornecer acesso aos metadados dos doentes e a outros dados relativos aos cuidados de saúde e fazê-lo de forma segura, eficiente e escalável. Simultaneamente, o acesso aos referidos dados deve ser concedido ao pessoal de saúde e a outros intervenientes na cadeia de prestação de cuidados de saúde, para permitir uma resolução (ainda que de gestão) conveniente, rápida e eficiente das queixas dos doentes.

Atualmente, existem várias questões relacionadas com a entrega de dados pessoais a investigadores e outras partes interessadas em dados médicos. Muitos estão preocupados com o facto de os dados que não são partilhados com as partes interessadas, como os investigadores, não serem particularmente úteis, ao passo que a partilha dos dados implica normalmente uma perda de controlo após a partilha. Tendo em conta que os dados médicos dos doentes contêm informações pessoais identificáveis, confiá-los a terceiros, como as instituições de investigação, coloca desafios que não são facilmente ignorados. Existem muitas medidas para proteger os dados, todas elas com as suas limitações e riscos a que são susceptíveis.

Estas medidas são adoptadas para eliminar ou minimizar o comprometimento dos dados. No que diz respeito aos dados em suportes tradicionais, como o papel, basta dizer que, na maioria dos casos, são mantidos em algum tipo de instalação de armazenamento com proteção contra roubo, incêndio, inundações e desafios associados à humidade e à interferência humana. Vêm à mente cofres à prova de fogo e instalações dedicadas à proteção de dados. É imediatamente evidente que é difícil trabalhar com esses dados. Não são facilmente pesquisáveis e, por conseguinte, não são particularmente úteis para a investigação. Também não são facilmente transportados. Foi para ultrapassar as limitações dos dados assim armazenados que os dados médicos electrónicos se tornaram populares, dificultados por desafios de segurança e privacidade que, embora diferentes, se expressam no controlo do acesso.

O objetivo deste trabalho é propor uma solução baseada em blockchain que controle o acesso aos dados dos pacientes e lhes permita contribuir para várias plataformas de investigação e conceder acesso a outros programas/plataformas com a opção de revogação do referido acesso. Pretende-se, assim, oferecer aos contribuintes individuais de dados garantias de proteção dos dados e, consequentemente, garantir a confiança no(s) resultado(s) da investigação realizada com os dados.

A cadeia de blocos é uma tecnologia de livro-razão público distribuído que permite o registo, a verificação e a validação de transacções com um carimbo temporal inviolável[28]. A sua conceção permite que os nós saiam da rede e voltem a entrar à vontade. Um nó que reingressa na rede tem de descarregar e verificar (reproduzir) todos os blocos[58] criados na sua ausência e, assim, ter uma visão da rede que seja atual, coerente e aceite por todos os nós (consenso).

O que é proposto neste trabalho é um sistema que permitirá a colocação de transacções de registos médicos pessoais em redes de dados médicos e ainda permitirá que os proprietários/geradores de dados controlem/concedam acesso aos mesmos, conforme necessário. A solução proposta pode ser implementada com base nas implementações da cadeia de blocos atualmente disponíveis e adaptando-a para se adequar às redes de dados médicos de uma forma que apoie os objectivos de controlo do acesso.

1.9 Inovações

Este trabalho procura aplicar as técnicas criptográficas e as propriedades de marcação de tempo, bem como a natureza distribuída da cadeia de blocos, para resolver a questão do controlo do acesso aos dados médicos de uma forma segura e eficiente, com proteção incorporada para os contribuintes de dados. Deste modo, está criado o cenário para a criação da Conta de Dados de Saúde, um modelo de dados destinado a manter todas as relações de um doente com as instituições de saúde numa única visualização, apresentando assim uma visão completa do seu historial médico. Para o efeito, será construída uma rede de cadeias de blocos e criada uma plataforma de acompanhamento para acolher os utilizadores. É também criada uma nova estrutura de blocos para os registos dos doentes. A arquitetura do sistema é apresentada mais adiante no livro. O sistema propriamente dito é deixado para ser implementado mais tarde.

1.10 Conclusão

Neste capítulo, foi introduzido o tema do controlo de acessos, com atenção à definição e aos modelos amplamente conhecidos e implementados nos sistemas actuais. Foi também abordado o perigo da violação da privacidade face aos paradigmas actuais da tecnologia. No final, procuramos chamar a atenção para a necessidade de um mecanismo de controlo de acessos que não só policie os sistemas, mas que seja capaz de exercer controlo sobre os dados partilhados.

Capítulo 2

2.1 Introdução

Neste capítulo, são apresentadas ideias, métodos e tecnologias relacionados com este trabalho e a literatura relevante para a investigação. Começa-se por discutir o controlo de acesso à luz da partilha de dados médicos. São também discutidos protocolos e esquemas relevantes que facilitam, estão subjacentes ou influenciam o controlo do acesso e a partilha de dados de forma segura e privada.

O controlo do acesso inclui normalmente a autenticação, a autorização e a auditoria, geralmente por esta ordem. Estão também incluídas outras medidas, como dispositivos e barreiras físicas, políticas, encriptação e assinaturas digitais e monitorização por sistemas automatizados e pessoal de segurança. Estes mecanismos individuais, normalmente trabalhando em conjunto com outros, asseguram que as pessoas, processos ou sistemas com as credenciais adequadas têm permissão para aceder a sistemas e dados. A autorização pode ser implementada utilizando o controlo de acesso baseado em funções (RBAC), listas de controlo de acesso (ACL) ou outros meios semelhantes. Por vezes, a combinação destes mecanismos ajuda a criar sistemas complexos que permitem o acesso de formas anteriormente desconhecidas e permitem controlos mais seguros e granulares e uma melhor auditoria dos sistemas que necessitam de proteção. Citam-se de seguida alguns que mantêm particular relevância para este trabalho.

2.2 Enigma: Plataforma de computação descentralizada com privacidade garantida

Enigma[59] é uma plataforma descentralizada para computação segura com privacidade incorporada. O trabalho de Zyskind, Nathan e Pentland, é uma rede peer-to-peer que permite que várias partes armazenem e façam computações conjuntas em dados, mantendo os dados completamente privados. Permite-o através de uma combinação magistral de uma versão altamente optimizada de computação segura multipartidária[60], utilizando uma tabela de hash distribuída modificada para armazenamento dos dados partilhados secretos e a cadeia de blocos para controlar o acesso, gerir identidades e servir de registo imutável de eventos.

A plataforma elimina a necessidade de um terceiro de confiança ao permitir a propriedade dos dados por parte do doente e, por conseguinte, restabelece a sua autonomia, o que reforça a privacidade e a segurança dos dados. Os doentes podem partilhar os seus dados (com prestadores de cuidados de saúde e instituições) com a garantia de que os seus dados permanecerão privados.

A análise de dados por múltiplos agentes representa um desafio difícil, uma vez que envolve invariavelmente a recombinação de dados provenientes de várias fontes (e por vezes diferentes). Esta prática, embora necessária para a descoberta de tendências na saúde da população e noutras áreas de investigação, também se presta facilmente a invasões de privacidade. O Enigma oferece uma solução para este desafio através da sua capacidade de efetuar cálculos nos dados sem aceder aos próprios dados em bruto. Atualmente, a partilha de dados é um processo irreversível, não havendo forma de os recuperar ou de controlar a sua utilização depois de os enviar. Permitir o acesso aos dados para computações seguras é reversível e controlável, uma vez que ninguém, para além do(s) proprietário(s) original(ais) dos dados, vê os dados em bruto, dando início a um modelo de computação fiável[61]. Isto representa uma inversão fundamental do paradigma atual.

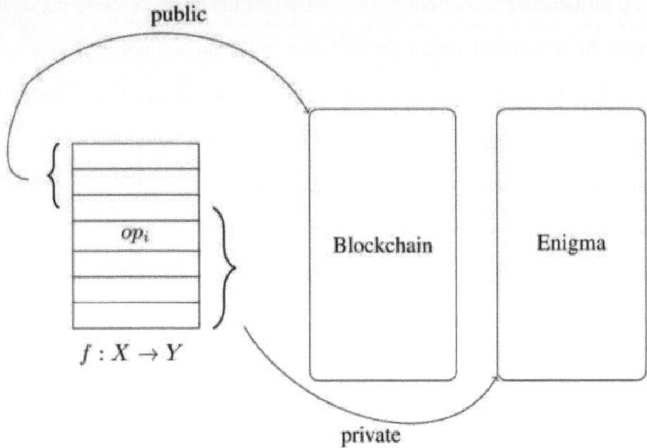

Figura 2-1 O modelo de execução de código do Enigma executa cálculos pesados fora da cadeia e transmite os resultados na cadeia de blocos

2.3 MedRec: Protótipo para registos de saúde electrónicos e dados de investigação médica

O aumento da personalização[42], [48], [53], [62]-[64] e da ciência dos dados, juntamente com a omnipresença dos dispositivos móveis com acesso à Internet, leva cada vez mais os doentes a envolverem-se nos pormenores dos seus cuidados de saúde e a procurarem recuperar o controlo total sobre os seus dados pessoais, até agora dispersos pelos silos de dados dos prestadores de cuidados de saúde e das seguradoras médicas. A ascensão das redes sociais[49] e a partilha entre pares de conteúdos gerados pelos utilizadores também contribuíram para sensibilizar os doentes para os benefícios inerentes à partilha de dados. No entanto, a tónica é colocada na "partilha responsável", uma vez que permite a todos os intervenientes no processo contínuo de prestação de cuidados de saúde, com poucos desafios.

A autenticação, a confidencialidade e a responsabilização são considerações cruciais no tratamento e na partilha de informações sensíveis, como os dados médicos. De acordo com os seus proponentes, estes são os pontos fortes do MedRec[42], um novo sistema descentralizado de gestão de registos de dados clínicos electrónicos que utiliza a tecnologia de cadeias de blocos. Utilizando um design modular que se integra facilmente nas actuais soluções de armazenamento local dos fornecedores, facilita a interoperabilidade entre vários sistemas de ficheiros e é facilmente adaptável. Incentiva os intervenientes médicos a participarem na rede de cadeia de blocos como mineiros e recompensa-os com acesso a dados anónimos agregados em troca da manutenção e segurança da rede. É uma situação vantajosa tanto para os investigadores como para os doentes, uma vez que ambas as partes obtêm aquilo de que necessitam: os investigadores ficam habilitados com grandes volumes de dados para o seu trabalho e os doentes têm a possibilidade de escolher a publicação dos seus metadados.

Os objectivos de conceção[65][66] que precipitaram o sistema MedRec são os seguintes

Restabelecer o papel do paciente, reconhecendo-o como o principal beneficiário de uma visão holística e completa do seu historial médico.

Estabelecer "confiança e participação contínua" para que os doentes tenham a certeza de que os seus registos são mantidos privados, e

Reconhecer que nem todos os registos do prestador podem/devem ser disponibilizados aos doentes, por exemplo, notas terapêuticas, propriedade intelectual do médico, etc.

O sistema MedRec estrutura os registos na cadeia de blocos através da implementação de 3 tipos de contratos inteligentes. Estes são o Contrato de Registo (RC), o Contrato de Relação Paciente-Provedor (PPR) e os Contratos Sumários (SC). Estes operam com entidades do sistema para fornecer ao paciente um registo abrangente e imutável de transacções que é consistente entre os prestadores de cuidados de saúde e ao longo do tempo.

Seguem-se as questões abordadas pelo protótipo MedRec, de acordo com os seus proponentes.

- Acesso fragmentado e lento aos dados médicos
- Interoperabilidade dos sistemas
- Agência de doentes
- Dados de má qualidade e em quantidade para a investigação médica

Segue-se a descrição do nó Sistema para o protótipo MedRec.

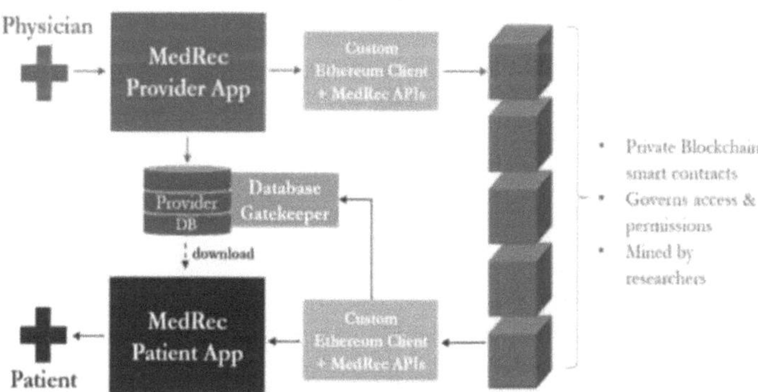

Figura 2-2 Arquitetura do sistema MedRec

2.4 OpenPDS: Armazenamento aberto de dados pessoais

Os piratas informáticos e outros atacantes conseguiram violar as defesas das redes que armazenam dados pessoais altamente sensíveis[67]. As consequências de tais ocorrências fez avançar a causa de instituições (como a Electronic Freedom Foundation) e de pessoas convencidas de que os dados de natureza sensível devem ser protegidos de forma a dar poder aos proprietários dos dados. E não devem ser confiados a terceiros e a outros interesses comerciais![68] O Open PDS é uma aplicação da norma PDS que procura conceder aos indivíduos os meios técnicos para controlarem os dados que partilham com outros e para o fazerem de forma segura.

O OpenPDS[64] é um quadro que permite efetuar cálculos sobre os dados, obtendo assim respostas a perguntas sem aceder aos dados brutos ao nível dos registos. Trata-se de um quadro de gestão de metadados que permite aos indivíduos recolher, armazenar e dar a terceiros um acesso pormenorizado aos seus metadados. A estrutura centra-se na garantia de que os utilizadores possuem e controlam os seus dados, com total conhecimento dos dados que são recolhidos sobre eles e da forma como são acedidos. Uma das principais vantagens deste quadro é a capacidade que dá aos utilizadores de conceder ou revogar, em qualquer altura, permissões de acesso a dados previamente recolhidos. As permissões de acesso são mantidas na cadeia de blocos, onde apenas o utilizador está autorizado a alterá-las. A natureza descentralizada do sistema introduz algumas vantagens mesmo para os actores cuja atividade principal depende da análise de dados, garantindo que se concentram na análise. A necessidade de proteger os dados em bruto e as preocupações concomitantes são eliminadas.

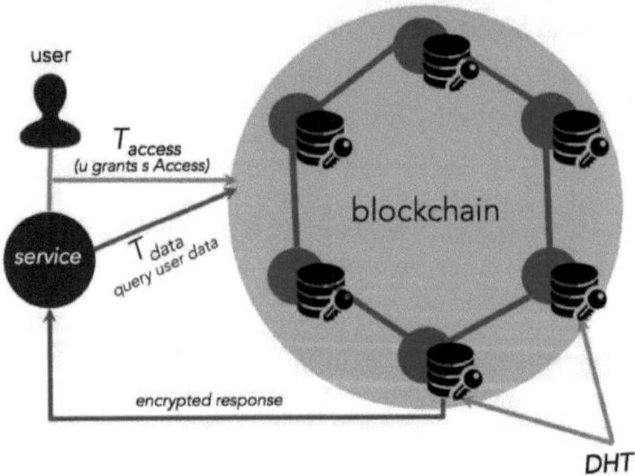

Figura 2-3 Visão geral da plataforma OpenPDS descentralizada

2.5 Gateways de dados de cuidados de saúde

Os dados relativos aos cuidados de saúde são um ativo cuja partilha é essencial para um funcionamento mais inteligente do sistema de saúde e para a prestação de serviços de saúde de qualidade aos doentes. Nos últimos anos, a importância dos dados pessoais de saúde ultrapassou a das contas bancárias (financeiras). Este facto é evidenciado pelo atual interesse "doentio" que os cibercriminosos têm nos registos de saúde pessoais das pessoas, o que levou à violação de uma rede de dados médicos após outra. Os cibercriminosos estão conscientes de que os dados, em vez de pertencerem e serem controlados pelo doente sobre o qual foram gerados, estão dispersos pelos silos de dados de várias instituições de cuidados de saúde e seguradoras médicas. Algumas destas instituições bloqueiam ativamente[65] a partilha de dados, a fim de se protegerem no seu nicho de mercado, o que conduz a uma má administração dos dados. Xiao Yue et al. propuseram a Healthcare Data Gateways[69], uma aplicação para smartphone concebida com base na cadeia de blocos para ajudar os pacientes a possuir, controlar e partilhar convenientemente os seus dados médicos sem violar a sua privacidade.

A cadeia de blocos foi aplicada pela primeira vez ao sector financeiro na implementação da Bitcoin, onde se demonstrou de forma conclusiva que a computação sem confiança e auditável[61] pode ser alcançada utilizando uma rede descentralizada de pares emparelhada com um livro-razão público. O HDG utiliza a plataforma blockchain (nuvem) como sistema de armazenamento e controlo de acesso. Também utiliza MPC seguro para facilitar a computação de dados por terceiros não fiáveis sobre os dados dos doentes, a fim de evitar a violação da privacidade. Ao utilizar técnicas criptográficas de encriptação, hashing e assinaturas digitais para proteger os dados, a cadeia de blocos garante que os dados médicos não podem ser alterados por médicos ou pacientes, mesmo acidentalmente.

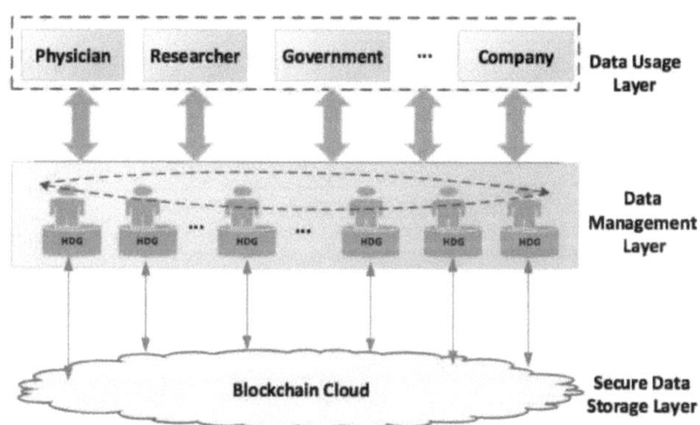

Figura 2-4 Ecossistema de cuidados de saúde centrado na HDG

2.6 Intercâmbio de informações sobre saúde digital

Tal como a nomenclatura indica, um intercâmbio de informações sobre saúde é uma plataforma digital para a partilha segura de dados médicos entre o pessoal de saúde (médicos, enfermeiros, farmacêuticos, etc.), a fim de facilitar o acesso e a recuperação de dados clínicos para prestar cuidados mais seguros, atempados, eficientes, eficazes e equitativos centrados no doente[70]. Esta partilha, que se destina a ter lugar entre partes não afiliadas, visa melhorar a rapidez de acesso a dados de qualidade sobre os doentes e garantir uma maior segurança e uma redução dos custos dos cuidados de saúde. Por exemplo, um hospital/médico ou uma seguradora médica pode solicitar o acesso aos registos médicos electrónicos de um doente. Este pedido incluirá provavelmente uma lista de todos os episódios de cuidados de saúde conhecidos noutras instalações e prestadores de cuidados de saúde que o doente tenha tido anteriormente, com as datas, o(s) local(ais) e as queixas que exigiram a visita. Vários pedidos de HIE podem incluir registos clínicos, lista(s) de problemas, receitas médicas dadas ao doente, alergias, tomografias computorizadas e outros exames semelhantes, e até imagens de radiologia. Há já algum tempo que o termo Health Information Exchange (troca de informações sobre saúde) é também utilizado para designar qualquer tipo de repositório de dados de cuidados de saúde em que os registos longitudinais são agregados e disponibilizados, mesmo que seja apenas dentro de uma única organização.

Vários países já dispõem de infra-estruturas que permitem o acesso e a transferência eletrónica segura de dados de saúde, mas a maioria das pessoas em todo o mundo tem as suas informações médicas registadas em papel (armazenadas em armários nos hospitais ou na residência dos doentes). O acesso a estes registos pelo pessoal adequado exige a partilha destes registos em papel[71], um meio fastidioso e menos seguro que acontece com os serviços postais tradicionais, os faxes ou, pior ainda, o transporte dos próprios doentes para as consultas, quando necessário. É para eliminar os riscos associados ao manuseamento destes registos e criar alguma comodidade para todas as partes interessadas (sobretudo doentes e prestadores de cuidados) que os intercâmbios electrónicos de informações de saúde se tornaram tão populares. Não é a panaceia para todos os desafios de acesso, pois tem os seus próprios problemas. No entanto, a partilha atempada de informações vitais sobre os doentes proporciona uma excelente informação necessária para a tomada de decisões sólidas no local de prestação de cuidados. Alguns dos benefícios para as partes interessadas são

- o acesso a melhores informações sobre os doentes e, por conseguinte, um melhor diagnóstico da(s) doença(s),
- o reduzir a duplicação de testes nos doentes, o que conduz a uma diminuição dos custos dos cuidados de saúde para os doentes e a uma maior eficiência para os prestadores de cuidados,
- o melhoria dos cuidados prestados aos doentes e redução dos erros por parte dos prestadores de cuidados, o disponibilidade de dados sobre os doentes em situações de emergência.
- o Evitar erros de medicação.

Estado L	**Intercâmbio de informações sobre saúde**	**Agência de controlo**

Alabama	Alabama Medicaid HIE	Agência Medicaid do Alabama
Califórnia	Vigilância da Saúde	Gabinete de Integridade das Informações de Saúde da Califórnia
Colorado	Rede de Saúde de Qualidade	Organização Regional de Informação sobre Saúde do Colorado
Connecticut	ERICCA	Departamento de Saúde Pública do Estado de Connecticut
Delaware	DHIN	Rede de Informação sobre Saúde de Delaware
Flórida	Intercâmbio de informações de saúde na Flórida	Agência da Florida para a Administração dos Cuidados de Saúde
Geórgia	Sistema de Saúde da Geórgia Ocidental	Departamento de Saúde Comunitária da Geórgia
Illinois	Intercâmbio de informações de saúde do Illinois	Departamento de Cuidados de Saúde e Serviços Familiares do Illinois
Indiana	HealthBridge Inc.	Tecnologia de Informação de Saúde do Indiana

Maine	HealthInfoNet	Gabinete de Saúde e Política Financeira do Maine
Michigan	Soluções administrativas de tecnologia de rede Soluções	Departamento de Saúde do Michigan
Michigan	Ligação de Saúde dos Grandes Lagos	Departamento de Saúde do Michigan
Nova Iorque	Bronx RHIO	Nova Iorque eHealth Collaborative
Ohio	CliniSync	Parceria de informação sobre saúde do Ohio
Pensilvânia	Troca de informações de saúde Keystone	Autoridade de saúde eletrónica da Pensilvânia
Virgínia	Ligar a Virgínia	Departamento de Saúde da Virgínia
Washington	OneHealthPort HIE	Autoridade de Saúde de Washington
Virgínia Ocidental	Informações sobre saúde na Virgínia Ocidental Rede	Departamento de Saúde e Serviços Humanos da Virgínia Ocidental

Figura 2-5 Exemplo de lista de HIEs em alguns estados dos EUA

2.6.1 Desafios

Tal como acontece com várias plataformas electrónicas, continua a haver alguma cautela na sua participação, apesar dos benefícios facilmente visíveis. A questão da segurança é a principal barreira que impede uma maior aceitação e/ou participação no intercâmbio eletrónico de informações de saúde. Os argumentos apresentados pelos opositores são os seguintes: Os afiliados do HIE têm maior facilidade de acesso à informação dos doentes, por isso quem mais tem?[72] E será que podemos ter a certeza de que a informação sensível dos doentes e das instituições é mantida privada? Esta preocupação é razoável e o sector dos cuidados de saúde reconhece-a, existindo várias políticas para a resolver. No entanto, isto não impediu a maioria dos HIE de se recusarem a fornecer dados quando o pedido provém de um prestador desconhecido. A insuficiência de informação e a natureza avessa ao risco do sector da saúde impedem a partilha numa plataforma concebida propositadamente para o efeito.

Os desafios actuais dos HIE incluem, mas não se limitam a:

- Registos de informação insuficientes/inconsistentes devido a métodos de arquivo proprietários e sistemas,
- Falta de investimento em HIE, uma vez que alguns estabelecimentos de saúde não vêem qualquer valor comercial na tecnologia a longo prazo,
- Falta de infra-estruturas: requer equipamento dispendioso, pessoal, formação e outros factores concomitantes para se tornar viável.

Para beneficiar das vantagens declaradas dos HIE e, ao mesmo tempo, contornar os obstáculos em termos de equipamento e manutenção, as soluções baseadas na nuvem estão a ganhar popularidade e acessibilidade, tornando-se uma opção de entrada atractiva para as pequenas práticas de saúde e para as que estão em dificuldades.

Há quem defenda que o verdadeiro valor do intercâmbio eletrónico de dados é a normalização que gera[73]. Uma vez normalizados, podem ser integrados no Registo de Saúde Eletrónico (RSE) dos destinatários, criando um historial do doente mais completo e rico e melhorando os cuidados de saúde. Existem atualmente três formas de intercâmbio de informações sobre saúde:

- Directed Exchange - capacidade de solicitar e receber informações seguras digitalmente entre prestadores de cuidados para apoiar episódios de cuidados,
- Intercâmbio baseado em consultas - capacidade dos prestadores de encontrar e/ou solicitar informações sobre um doente a outros prestadores,
- Intercâmbio mediado pelo consumidor - capacidade de os pacientes agregarem e controlarem a utilização da sua informação de saúde entre os prestadores.

A base de normas, políticas e tecnologias necessárias para iniciar as três formas de intercâmbio de informações de saúde está completa, testada e prontamente disponível. As secções seguintes fornecem mais informações sobre cada uma das três.

2.6.2 Intercâmbio direcionado

O Directed Exchange é utilizado pelos prestadores de cuidados de saúde para enviar, de forma segura e conveniente, informações sobre os doentes, tais como pedidos e resultados de análises laboratoriais, referências de doentes, etc., diretamente para outro médico, médico ou especialista. Estas informações são enviadas através da Internet de forma encriptada e fiável entre profissionais de saúde numa rede de confiança. Esta forma de intercâmbio de informações permite coordenar os cuidados de saúde de uma forma que beneficia tanto os prestadores de cuidados de saúde como os doentes. Por exemplo, um prestador de cuidados primários pode enviar diretamente resumos electrónicos de cuidados que incluam problemas, resultados laboratoriais e medicamentos prescritos a um especialista quando encaminha os seus doentes. Esta informação sublinha a visita e evita a duplicação dispendiosa de testes, a recolha redundante de informações junto do doente, o desperdício de tempo e esforço e os erros de medicação. O intercâmbio dirigido também está a ser utilizado para enviar dados de imunização a organizações de saúde pública ou para comunicar medidas de qualidade a algumas entidades reguladoras da indústria e do governo.

2.6.3 Intercâmbio baseado em consultas

O intercâmbio baseado em consultas é utilizado pelos prestadores de serviços na pesquisa e descoberta de fontes clínicas acessíveis sobre os doentes. Este tipo de intercâmbio é principalmente utilizado na prestação de cuidados não planeados, como por exemplo em situações de emergência.

2.6.4 Intercâmbio mediado pelo consumidor

O intercâmbio mediado pelo consumidor ajuda os doentes a acederem às suas informações de saúde electrónicas e permite-lhes gerir os seus cuidados de saúde em linha, da mesma forma que podem gerir as suas finanças através de serviços bancários em linha. O controlo das suas próprias informações de saúde ajuda os doentes a participarem ativamente na coordenação dos seus próprios cuidados de saúde:

^ fornecer a outros prestadores as suas informações de saúde,

identificação e correção de informações de saúde erradas, em falta ou incompletas, ^ identificação e correção de informações de faturação erradas, e

^ acompanhar e monitorizar ativamente a sua saúde.

2.7 A partilha do segredo de Shamir

As ideias básicas e fundamentais subjacentes à partilha de registos de saúde electrónicos são os esquemas de partilha de segredos, como o proposto por Adi Shamir. A partilha segura de registos médicos electrónicos depende de algoritmos que escondem (através de cifragem ou outras técnicas para a manutenção da confidencialidade) o conteúdo dos dados da observação não autorizada. O algoritmo de partilha de segredos que leva o seu nome fornece os fundamentos teóricos da segurança dos dados que requerem a cooperação de várias partes para serem acedidos. Isto requer essencialmente a divisão dos dados em "partes", de modo a que os dados só possam ser recuperados ou reconstruídos quando todas ou a maioria das partes forem conhecidas graças à cooperação dos participantes[74]. Os dados individuais não são utilizáveis a não ser que sejam combinados com acções de *t* (limiar) ou mais de *n* jogadores (número total de participantes envolvidos no esquema) em condições específicas. Neste sistema, nenhum grupo de menos de *t* jogadores pode reconstruir com êxito a mensagem. Um sistema deste tipo é designado por esquema (*t, n*)-limiar e é por vezes denotado por esquema (*n, t*)-limiar. A vantagem inerente a este esquema é que, uma vez que os dados são enviados ou armazenados em partes, é mais difícil para os atacantes utilizarem os dados em caso de comprometimento de uma única entidade/sistema participante. Por exemplo, uma chave de cifragem ou uma informação a analisar em conjunto pode ser distribuída por vários servidores através do mecanismo de partilha de segredos e ser reconstruída quando necessário. Uma violação de sistemas individuais inferior ao número limite de nós *t* não recuperará os dados.

O inconveniente dos sistemas de partilha de segredos incondicionalmente seguros propostos por Shamir reside no armazenamento e na transmissão das partilhas. Isto requer recursos de armazenamento e de largura de banda equivalentes ao tamanho do segredo multiplicado pelo número de partilhas. Se o tamanho do segredo for significativo, por exemplo 2GB, e o número de partilhas for 12, então 24GB de dados devem ser armazenados pelos nós da rede que detêm as partilhas.

2.8 Computação multipartidária segura

A necessidade de garantir a privacidade tem como premissa o valor atribuído aos dados pelos seus proprietários, pelos quadros e organismos legais e regulamentares, e as consequências subsequentes do impacto na reputação da pessoa/entidade, das sanções financeiras para as organizações, etc., em caso de divulgação ou acesso não autorizado[54]. Os desenvolvimentos nas técnicas criptográficas permitiram a criação de protocolos que permitem aos grupos efetuar cálculos sobre os dados e chegar a resultados verificáveis, mantendo a privacidade das entradas individuais[75]. Este é o domínio da computação multipartidária segura.

À medida que as redes sociais baseadas na Internet ganharam popularidade e se tornaram o portal de facto para todo o tipo de interacções e partilhas, deram origem a novos modelos de acesso que, por sua vez, geram a sua própria classe de desafios. Uma vez partilhada, a informação nestas plataformas de redes sociais em linha assume rapidamente um modelo de "propriedade partilhada"[76]. Embora algumas plataformas ofereçam aos utilizadores um meio de restringir o acesso aos dados partilhados, não existe um mecanismo que permita restringir (controlar) os dados partilhados com vários utilizadores: um utilizador não pode impedir a continuação da partilha de um recurso partilhado. Assim, o desafio aqui envolve a criação de um meio técnico para impedir ou, pelo menos, controlar a partilha de um recurso partilhado. Isto suscita preocupações de segurança e privacidade que Hu et al. abordaram no seu artigo Multiparty Access Control for Online Social Networks: Model and Mechanisms[77]. O documento defende uma autorização multipartidária e um esquema de especificação de políticas multipartidárias, propondo simultaneamente uma abordagem que permite a proteção de dados partilhados associados a vários utilizadores em redes sociais em linha.

2.9 Visão geral do acesso e controlo de dados com base na cadeia de blocos

Autores como Alex Pentland e outros descreveram sistemas e construções associadas que empregam a cadeia de blocos numa capacidade de controlo de acesso. Os sistemas que descrevem utilizam a cadeia de blocos na identificação, autenticação, autorização, contabilidade e outros processos necessários para a concessão ou recusa de acesso a recursos. A natureza distribuída da cadeia de blocos, que transmite todas as transacções acordadas, garante a sua excelência no acompanhamento de alterações e transacções, uma vez que depende necessariamente do consenso dos nós da rede. A arquitetura peer-to-peer subjacente ao sistema também lhe confere uma maior resistência a ataques de negação de serviço e a ausência de um controlo de acesso centralizado na rede traduz-se numa robustez que exige um conluio e recursos informáticos significativos para ser minada[78].

A utilização extensiva de chaves criptográficas e assinaturas digitais nas transacções oferece vários benefícios, entre os quais se destacam a prova de identidade e o não repúdio, duas propriedades que permitem a auditoria de acções em qualquer ambiente.

Existem, no entanto, alguns desafios. Foram levantadas objecções no que respeita à autenticação e à identificação no ambiente da cadeia de blocos. Enquanto alguns peritos consideram que a cadeia de blocos, com os seus mecanismos rigorosos, é um meio para uma identificação mais rigorosa e eficiente que facilitará a autenticação, outros têm dúvidas. As razões são as seguintes: A identificação procura responder à pergunta: "Alguém é realmente quem diz ser?", enquanto a autenticação tem a ver com o processo ou a ação de provar que algo é genuíno ou válido. Na maioria dos sistemas, ambos os processos dependem da posse de um token válido e aceitável para obter acesso a um determinado sistema[79]. Foi referido que a autenticação continua a ser fundamentalmente difícil de implementar corretamente. Tudo o que um utilizador tem de divulgar são os tokens necessários (ou seja, uma combinação de nome de utilizador e palavra-passe) para o acesso. Será isso suficiente para o identificar? No verdadeiro sentido da palavra, a autenticação deve confirmar a identidade do utilizador e, por conseguinte, depende de o processo de identificação ser implementado corretamente. Os esquemas de identificação podem ter várias falhas. A autenticação funciona com as autoridades de identificação e os tokens que estas concedem aos utilizadores. Os passaportes, as cartas de condução e os números da segurança social funcionam bem e são formas de identificação amplamente aceites. No entanto, todos eles são susceptíveis de serem falsificados, apesar de serem utilizados no mundo tradicional. Pense então nas dificuldades com os tokens no mundo digital, onde é fácil copiar e colar!

No final, estes especialistas opostos concluem que as questões que se colocam no teatro da identificação e da autenticação são questões de confiança: qual o grau de confiança que estes sistemas (na sua tentativa de controlar o acesso aos recursos) depositam nos processos e nas entidades responsáveis? Vale a pena notar aqui que a cadeia de blocos é essencialmente um livro-razão público distribuído (DPL) de transacções concluídas. É aplicável no controlo de acesso devido à sua soberba capacidade de rastrear, monitorizar e comunicar alterações (transacções) em ambientes onde a necessidade dita que a confiança centralizada deve ser eliminada. Como é paradoxal que um mecanismo concebido para difundir transacções seja capaz (ou assim se afirma por agora) de proteger a privacidade e a segurança das mesmas transacções/interacções contra olhares indiscretos!

Desafios de propriedade e acesso

Pode inferir-se que um dos pontos mais fortes do controlo de acesso é a aplicação do mandato de propriedade. A propriedade, na sua maior parte, é determinada por questões como a entidade que tem o direito de criar, atualizar, apagar ou modificar os registos/informações ou mesmo autorizar terceiros a fazê-lo em seu nome. A situação torna-se ainda mais complicada com a atual vaga de redes sociais que envolvem necessariamente relações e modelos de acesso altamente complexos para todas as partes[80]. Para além da complexidade do acesso, há vários desafios a compreender, abordar, gerir e/ou eliminar para conseguir a privacidade e a segurança que os dados pessoais exigem. O principal destes desafios é a gestão dos dados partilhados. Esta é uma questão de segurança que não pode ser abordada sem passar pelo domínio do controlo do acesso. Não se trata apenas da questão do acesso na primeira fase, ou seja, que entidade ou que processo pode ler e escrever registos. É urgente abordar também questões transcendentes como a gestão dos dados após a partilha[81]. Este objetivo não é fácil de alcançar. Os métodos técnicos disponíveis para ajudar a atingir este objetivo são essencialmente teóricos e os poucos métodos promissores estão ainda a ser desenvolvidos nos laboratórios de investigação de várias instituições.

O controlo do acesso responde geralmente a perguntas sobre os processos necessários para obter um determinado recurso. Com as duplas restrições de privacidade e segurança impostas aos dados, é necessário um mecanismo que seja capaz de registar as operações, embora muitas delas de forma longitudinal. Atualmente, o melhor candidato para esta solução é a cadeia de blocos, uma tecnologia que provou ser altamente adaptável e ainda eficaz, eficiente e escalável. As oportunidades apresentadas pela tecnologia de cadeia de blocos para o acompanhamento de informações partilhadas ainda precisam de ser aperfeiçoadas. Mas a sua natureza transacional dá aos investigadores e engenheiros a oportunidade de conceber processos que monitorizam a utilização e impõem restrições coerentes com as metas e objectivos de segurança desejados.

Um objetivo mais difícil de alcançar pode ser a apresentação de diferentes aspectos dos registos de um doente a várias partes, impedindo simultaneamente a passagem ou a adulteração de determinados registos[82]. No contexto do acesso aos dados médicos electrónicos dos doentes, é este, de facto, o objetivo do controlo do acesso. Por exemplo, um médico precisa de ter acesso ao historial médico completo de um doente para efetuar um diagnóstico adequado, enquanto o farmacêutico só precisa das receitas que o referido médico deu para a doença. As necessidades da seguradora médica podem ser debatidas, mas é necessário algum tipo de prova de que os serviços de uma instituição ou profissional de saúde foram solicitados para a resolução de um problema de saúde. As diferentes necessidades de visualização de todas as entidades envolvidas que requerem acesso aos registos dos doentes e o período durante o qual o acesso é necessário[83] criam uma matriz de requisitos de segurança que pode crescer rapidamente e tornar-se mais complexa. O controlo do acesso neste caso imita o RBAC, embora seja uma versão altamente optimizada do mesmo, com a exceção de que exclui soluções para a questão da separação entre os dados dos doentes e a propriedade intelectual dos médicos.

A tecnologia levou-nos a um ponto em que todos os dados podem ser registados e, na maioria dos casos, são partilhados. Atualmente, podemos registar mais aspectos da vida de uma pessoa do que nunca, o que nos permite obter uma imagem mais exacta (em registos) da vida de uma pessoa. A capacidade de captar, armazenar e processar dados trouxe consigo o paradigma dos grandes volumes de dados, em que muitos dados estão disponíveis e podem ser analisados para produzir vários benefícios para o indivíduo e para a sociedade. O nível de dados pormenorizados disponíveis sobre os indivíduos é atualmente surpreendente. É este nível de pormenor que torna crítica a necessidade de um mecanismo de controlo de acesso que responda suficientemente aos requisitos de privacidade e segurança dos indivíduos, dados e/ou sistemas envolvidos.

2.10 Conclusão

Neste capítulo, foram discutidas várias ideias, tecnologias e alguma literatura relacionada com o tema em questão. Os esquemas de controlo do acesso aos dados, as suas vantagens e desvantagens foram também apontados nesta secção do livro.

Capítulo 3

3.1 Introdução

Como referido anteriormente, a cadeia de blocos é uma tecnologia de livro-razão distribuído que permite o registo de transacções de forma descentralizada, como numa rede peer-to-peer. Existem várias variantes e cada uma é ajustada para facilitar o conceito que suporta, sendo a Bitcoin a sua implementação mais bem sucedida e mais conhecida até à data. Geralmente, são categorizadas em blockchains públicas e privadas. Num extremo está a cadeia de blocos pública totalmente descentralizada, na qual não existem restrições à leitura de dados da cadeia de blocos e à apresentação de transacções para inclusão na cadeia de blocos. A blockchain do Bitcoin simboliza os ideais de abertura e transparência. No outro extremo está a cadeia de blocos privada, na qual o acesso direto aos dados da cadeia de blocos e a apresentação de transacções para inclusão na cadeia de blocos estão limitados a uma lista predefinida de entidades. Trata-se de um sistema em que os nós participantes têm um grau de confiança aceitável e, normalmente, cooperam para permitir a auditoria interna, a responsabilização ou o controlo dos recursos em benefício de todos os participantes na rede.

Para o sistema em análise neste livro, é utilizada uma cadeia de blocos privada e autorizada, que pode ser descrita como uma cadeia de blocos em que o acesso direto aos dados da cadeia de blocos, a apresentação de transacções e o seu processamento estão limitados a uma lista predefinida de entidades conhecidas. A conta de dados de saúde proposta, que será apoiada por este sistema, é pormenorizada mais adiante e exigiria que os governos, as empresas e os potenciais implementadores possuíssem e administrassem a rede de cadeias de blocos subjacente:

Fornecer um registo imutável que capte a existência dos dados dos doentes (valor),

Controlar a adesão à rede blockchain (controlo de acesso),

Permitir e controlar os pedidos de dados e as respostas (investigação), e

Facilitar o controlo e a auditoria (responsabilização).

O sistema proposto e descrito abaixo tem como premissa o artigo da revista BBDS: Blockchain-based Data Sharing for Electronic Medical Records in Cloud Environments[84], em coautoria com alguns dos autores deste livro. A arquitetura do sistema para o controlo do acesso, a configuração da cadeia de blocos, as entidades do sistema e os intervenientes na rede são descritos antes de a conta de dados de saúde (baseada na partilha de dados) ser proposta e analisada.

3.2 Arquitetura

O sistema é composto por três camadas principais: A camada de utilizador, a camada de gestão de dados e estabelecimento de políticas e a camada de armazenamento. A camada de utilizadores é constituída por todas as diferentes categorias de utilizadores, cuja adesão ao sistema é caracterizada por determinados pares de chaves. São os doentes, os profissionais de saúde, os prestadores de serviços de seguros médicos e as partes interessadas (investigadores, entidades reguladoras, instituições, etc.) no processo contínuo de prestação de cuidados de saúde que participam na rede e a mantêm. Estes utilizadores acedem ou contribuem com dados para o sistema através da multiplicidade de transacções efectuadas entre determinados pares de utilizadores em qualquer momento. A camada de gestão de dados e de estabelecimento de políticas é a base de todo o sistema, aceitando e processando os pedidos dos utilizadores e assegurando a ligação entre os utilizadores e a plataforma de armazenamento.

A camada de gestão de dados e estabelecimento de políticas é composta por entidades individuais ligadas, que ajudam a processar pedidos e a otimizar o sistema. As entidades da camada são o Emissor, o Verificador, os Nós de Processamento, o Centro de Contratos Inteligentes e a Rede Blockchain. As funções da camada consistem em autenticar, verificar e autorizar os utilizadores. A geração de chaves e parâmetros necessários para aderir à rede é estabelecida entre o Emissor e o Verificador a pedido de um aderente. Os nós de processamento e outras entidades ajudam na criação de blocos. As chaves geradas para utilização no sistema incluem:

S a Chave de emissão de afiliação,

S a chave de verificação de filiação, e

S a chave privada de associação.

A camada de gestão de dados e estabelecimento de políticas executa o processamento e a validação de pedidos e transacções e a rede de cadeias de blocos é construída nesta camada. Os registos das transacções, bem como os atributos que facilitam a auditoria do sistema, são registados e geridos pela camada de gestão de dados e estabelecimento de políticas. Isto cria valor para os participantes na rede, permitindo um registo imutável que é rico em metadados e adequadamente seguro contra ataques.

O nível de armazenamento consiste na infraestrutura de armazenamento de dados, onde estes são guardados para futura referência, consulta, análise, investigação e outros fins. Para este sistema, o nível de armazenamento não é objeto de análise.

Apresenta-se a seguir a arquitetura do sistema proposto, destacando os três componentes referidos.

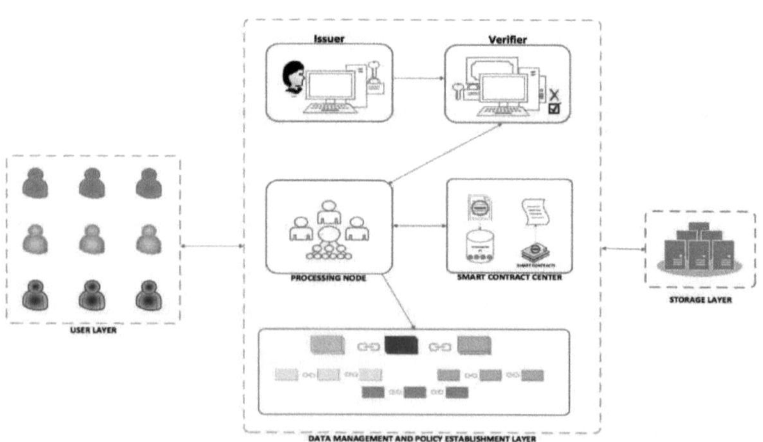

Figura 3-1 Diagrama da arquitetura do sistema

3.3 Descrição e configuração do sistema

Para registar um utilizador na rede após a receção de um pedido para o efeito, o Emissor gera um conjunto de chaves de emissão de adesão e de chaves de verificação de adesão. Isto é feito utilizando uma cadeia de identificação única incluída no pedido do doente. No caso do sistema proposto, a cadeia pode ser o nome completo do doente, o número da segurança social, um endereço de correio eletrónico, etc. O(s) esquema(s) completo(s), o(s) método(s) e o(s) canal(is) utilizado(s) na geração de chaves criptográficas, a sua gestão e transmissão aos intervenientes e entidades/nós da rede podem ser qualquer um dos seguros e eficientes já desenvolvidos, como as curvas elípticas (esquema EPID). Este livro não os aborda. O mesmo se aplica aos processos de identificação e autenticação. Um utilizador que queira aderir ao sistema envia um pedido ao Emissor. O emissor é encarregado de autenticar o utilizador e de o aceitar ou recusar a sua entrada no grupo. Esta fase requer a troca de parâmetros entre o emissor e o utilizador sob a forma de um desafio e de uma resposta e culmina na autenticação mútua do servidor emissor, *Is-Svr*, e do utilizador, *U*. Após uma autenticação bem sucedida, o emissor conclui o processo enviando ao utilizador uma chave de emissão de adesão, *KMIPK*. O utilizador solicita uma confirmação de chave ao Emissor, enviando-lhe a chave de adesão juntamente com uma etiqueta gerada de quando o utilizador entrou no grupo, *TTS*. O emissor verifica se a chave foi formada corretamente e envia uma chave de verificação, juntamente com alguns outros parâmetros, ao utilizador. Com estes parâmetros, o utilizador gera o seu par de chaves de transação, ou seja, a chave privada e pública de transação.

Após esta fase, o utilizador solicita a verificação de pertença ao verificador, enviando a chave de verificação de pertença obtida do emissor. O verificador verifica então a pertença do utilizador ao grupo, enviando-lhe um desafio. O utilizador responde em conformidade ao desafio. Depois de confirmar com êxito a pertença do utilizador ao grupo, o verificador envia ao utilizador uma chave privada de pertença. Esta chave privada de adesão é criada pelo verificador a partir das chaves e parâmetros de verificação. O utilizador, por sua vez, envia ao verificador a chave privada de transação. O verificador mantém a chave pública da transação numa base de dados privada mantida pelo verificador.

O utilizador envia um pedido de contribuição de dados (pedido de escrita) ou de acesso a dados (pedido de leitura) para o sistema. Deve-se chamar a atenção para o facto de que um bloco é criado pela primeira vez quando o utilizador envia um pedido. O utilizador utiliza a chave privada de membro para criar o bloco (pedido), assina o pedido com a chave privada de transação e envia-o para a fila de pedidos não processados dos nós de processamento. Para que um pedido seja válido, o nó de consenso vai buscar o pedido à pool e prepara-o para validação.

O nó de consenso solicita a autenticação do utilizador ao verificador para se certificar de que a transação é de um utilizador autorizado no sistema. O nó de consenso envia a assinatura para o verificador para verificação. O verificador utiliza a chave pública da transação do utilizador, armazenada na base de dados privada, para verificar a transação. O verificador notifica o nó de consenso do estado da validação das transacções. Os nós processam o pedido em conformidade ou ignoram a transação.

O acesso é agora concedido ao utilizador para pedidos de dados ou contribuição e o bloco que contém todos os carimbos de data/hora e atributos de toda a transação é transmitido para a cadeia de blocos uma vez concluído. O bloco passa então a fazer parte de uma cadeia e é adicionado à altura dos blocos no sistema blockchain. Quando outros blocos são formados após este bloco, o hash do cabeçalho do último bloco na rede é retirado e anexado ao cabeçalho do bloco mais recente, que se torna parte dos blocos encadeados após confirmação pela rede.

Os componentes de um bloco individual que fornecem segurança para a permutabilidade de dados, bem como garantem a auditoria e a análise forense dos dados, são principalmente alcançados pelos registos dos hashes do bloco anterior e da raiz Merkle (hash composto de transacções) em cada bloco. Um bloco atual pode fornecer traços para o bloco de génese, ligando todas as transacções efectuadas no sistema. Esta ação garante uma segurança adequada contra nós maliciosos que podem tentar rever as listas de transacções, a ordem ou os montantes em seu benefício.

Formalmente, o esquema proposto pode ser representado pelos seguintes conjuntos de notações e operações associadas:

- A set of patient data from d_1 to d_n in the set D = $\{d_1, \ldots, d_n\}$
- The set of processing nodes in the set P = $\{P_1, \ldots, P_n\}$
- Care Team List CT = $\{u_1, u_2, \ldots, u_k\}$
- The set of Users U = $\{u_1, u_2, \ldots, u_n\}$
- Smart Contracts Center = *SCC*
- Permissions Policy Set = P_{SET}
- Permissions Database = P_{db}
- Event Log = L_e^i

Sistema de controlo de acesso

1. User, U_i requests data → processing nodes $\{P_1, \ldots, P_n\}$
2. Processing node, P_i retrieves request
3. P_i requests signature validation for request → Verifier
4. Verifier checks: K_{trans} == transaction public key for U_i
5. Verifier → P_i: Valid U_i || Invalid U_i^{-1} /* Verifier returns is valid or otherwise */
6. If U_i valid: Pi → SCC (request P_{SET}) /* processing nodes request permissions policy set
7. P_i ← SCC(P_{db}\{ P_{SET}\}) /* Smart Contracts Center retrieves P_{SET} from permissions database and sends it to the processing node, P_i */
8. P_i checks CT such that for $U_i \in \{u_1, u_2, \ldots, u_k\}$ /* check if user is a member of CT */
9. If $U_i \notin$ CT:
    drop request /* deny request */
    log transaction as event, L_e^i /* request for data was dropped */
   Else:
    grant access, /* permit processing node to retrieve requested data */
    retrieve data $\{d_1, \ldots, d_n\}$
    $U_i \leftarrow P_i$: $\{d_1, \ldots, d_n\}$ /* send patient data to user */
    Log event as transaction
10. Processing node creates block after recording last entry and closing transactions.
11. Processing node broadcast the block to the blockchain.

O esquema acima mostra de forma sucinta o mecanismo de controlo de acesso híbrido elaborado nas páginas seguintes no que diz respeito aos utilizadores e entidades do sistema. Os pedidos são primeiro recolhidos pelos nós de processamento. Qualquer nó, *Pi*, pode obter um pedido e processá-lo para o utilizador (requerente) se todos os parâmetros necessários estiverem disponíveis e as condições de consenso forem satisfeitas. Através do verificador, é verificada a validade da assinatura no pedido. Se a validade do pedido for confirmada, ou seja, se tiver origem num utilizador registado, pode ser processado solicitando a política de permissões definida na base de dados de permissões armazenada no centro de contratos inteligentes. Uma vez recuperado, o nó de processamento verifica se o utilizador é um membro da equipa de cuidados de saúde associada a um doente. Em caso afirmativo, é-lhe concedido acesso para recuperar os dados e, em caso negativo, não.

3.4 Entidades

O mecanismo de controlo de acesso e partilha de dados para registos médicos electrónicos proposto nesta tese é um modelo híbrido baseado na tecnologia de cadeia de blocos e assenta em três entidades. Estas entidades são, nomeadamente, os utilizadores, a gestão de dados e o estabelecimento e armazenamento de políticas. Estas entidades são apresentadas em seguida.

3.4.1 Utilizadores

Os utilizadores consistem em indivíduos e/ou organizações que necessitam de aceder a dados do sistema ou contribuir com dados para o mesmo. Neste sentido, os doentes, os médicos, os farmacêuticos, os investigadores e as respectivas entidades reguladoras são todos utilizadores, uma vez que necessitam e solicitam dados do sistema para desempenharem as suas funções. Os médicos, pela sua função, tanto solicitam dados (para o historial médico) como contribuem com dados no final de cada episódio de cuidados (relatório de diagnóstico). As entidades reguladoras solicitam dados para análise, a fim de facilitar as suas funções de controlo no sistema. Os investigadores precisam de dados para facilitar a investigação de novos tratamentos e a melhoria dos tratamentos existentes, avaliar melhor as novas terapias e melhorar a qualidade de vida dos doentes e de todos os interessados.

3.4.2 Gestão de dados e definição de políticas

Este nível é composto por entidades ligadas, responsáveis pelo estabelecimento seguro e pelo funcionamento eficiente, bem como pela otimização do sistema. Estas são as seguintes:

0 **Emissor**: O Emissor, *Is-Svr*, faz parte da camada de gestão de dados do grupo, autenticando os utilizadores que pretendem aderir ao grupo. O Emissor envia os dados necessários e aceita os utilizadores que pedem para entrar no grupo com base na posse das chaves e parâmetros necessários. É a primeira entidade da camada e interage diretamente com os utilizadores do sistema.

0 **Verificador**: O verificador, *Vf-Svr,* faz parte da camada de gestão de dados, autenticando o utilizador e recebendo a chave de transação do utilizador, que é mantida numa base de dados privada. O verificador valida posteriormente os blocos que foram assinados pelo utilizador. Isto permite a inclusão de um mecanismo que regista a autenticidade do bloco no sistema e que faz

parte da cadeia de blocos. O verificador também cria e envia ao utilizador a chave privada de adesão, *KMP*, que é utilizada na criação de blocos.

0 **Nós de processamento**: Estes nós, *P1...Pn*, obtêm os pedidos dos requerentes e, em cooperação com o Centro de Contratos Inteligentes, verificam as permissões associadas aos dados de interesse e efectuam o processamento necessário das transacções e, finalmente, criam blocos a partir dos pedidos. São encarregados de processar e verificar a autenticidade dos dados relativos às transacções e, em seguida, criar blocos. Em seguida, transmitem esses blocos para a cadeia de blocos. As suas tarefas de processamento também definem estes nós de processamento como os nós para detetar pedidos malformados, violações das regras de acesso e, consequentemente, a deteção de irregularidades no sistema. Estes nós são os únicos em toda a rede que interagem diretamente com o Centro de Contratos Inteligentes, o Verificador e a rede de cadeias de blocos e, por conseguinte, são capazes de harmonizar as actividades em camada.

0 **Centro de Contratos Inteligentes**: Esta entidade é responsável pela avaliação dos pedidos de acesso aos dados. Funciona como o motor de autorização do sistema de controlo de acesso. Recebe e armazena os conjuntos de políticas de permissões que os pacientes geram depois de aderirem à rede. Os pedidos recebidos são avaliados em relação às entradas da base de dados de permissões e o acesso aos dados é permitido ou recusado com base no resultado da avaliação. Permite a criação de vários modelos de acesso aos dados para criar um sistema que seja seguro na sua implementação mas que permita uma gestão dinâmica e eficaz do controlo de acesso. É a inclusão do Centro de Contratos Inteligentes que permite a hibridação de modelos de controlo de acesso desejáveis, eliminando os seus inconvenientes conhecidos.

0 **Rede Blockchain**: É a rede de nós que armazena cópias das transacções concluídas que ocorrem entre pares de utilizadores no sistema. Tem uma parte de transacções compostas que regista todas as transacções de dados realizadas na rede. Centra-se em três relações primárias de pares no continuum dos cuidados de saúde, nomeadamente a relação doente-médico, a relação doente-farmácia (administração médica) e a relação doente-pagador (prestador de seguros médicos). Estas transacções podem ser acedidas individualmente ou com outros detalhes necessários para a prestação de cuidados através de contratos inteligentes. Os componentes em jogo para atingir os objectivos do sistema são:

O protocolo blockchain,

Os nós da cadeia de blocos,

A rede blockchain, e

A estrutura de dados da cadeia de blocos.

O protocolo da cadeia de blocos executado nos nós da rede da cadeia de blocos que armazenam a estrutura de dados da cadeia de blocos permite a criação de um registo permanente fiável (criptograficamente seguro) que será útil para as entidades que pretendem manter registos permanentes das transacções relativas à saúde de um indivíduo e, assim, apresentar um historial médico completo para apoiar o diagnóstico e a investigação médica.

3.5 Chaves criptográficas

Neste ponto, são introduzidas e descritas as chaves criptográficas utilizadas no sistema. Os utilizadores têm de as possuir para criar blocos ou assinar pedidos de acesso aos dados.

3.5.1 Chaves de emissão de cartões de sócio:

A chave de emissão de membros, *KMI,* é gerada pelo emissor. A chave é emitida para um utilizador que solicita a adesão ao grupo. Sem a chave de emissão de adesão, os utilizadores não estão autorizados a aderir ao grupo. A chave de emissão de adesão permite o acesso à chave de verificação de adesão juntamente com os parâmetros necessários para criar o par de chaves de transação do utilizador.

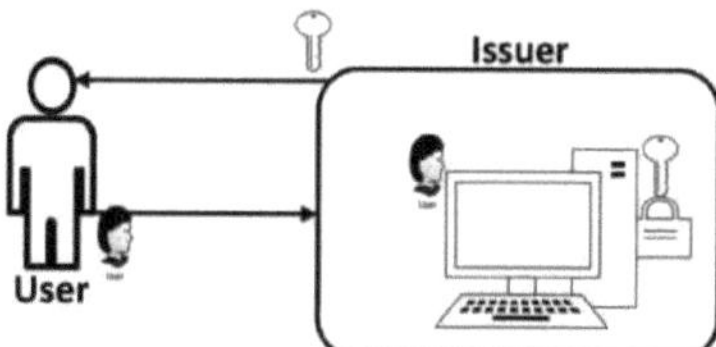

Figura 3-2 Chave de emissão de membros

3.5.2 Chave de verificação de afiliação:

As Chaves de Verificação de Adesão, *KMV,* são primeiro geradas pelo Emissor e partilhadas com o Verificador. A chave partilhada é utilizada para autenticar a validade de um utilizador no grupo e consente o acesso de um utilizador à chave privada de Associação. A chave de verificação de filiação é utilizada para gerar a chave privada de filiação do utilizador.

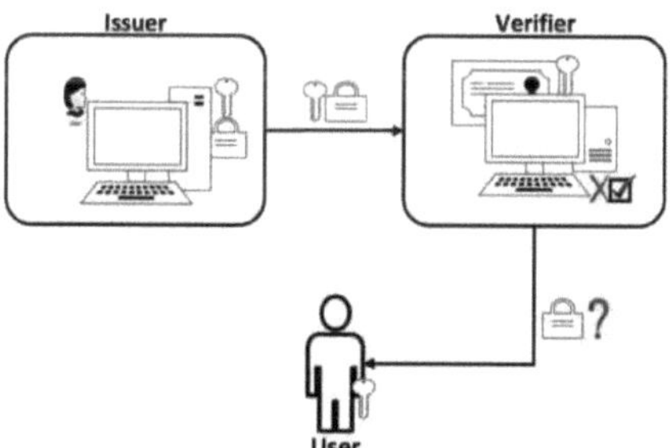

Figura 3-3 Chave de verificação de afiliação

3.5.3 Chave privada de membro:

A chave privada de adesão, *KPSK,* é gerada pelo verificador utilizando a chave de verificação de adesão juntamente com alguns parâmetros gerados a partir da autenticação do utilizador no momento da adesão ao grupo. Os blocos de transação são criados a partir da chave privada de adesão. Sem a chave, a geração de blocos no grupo não é permitida.

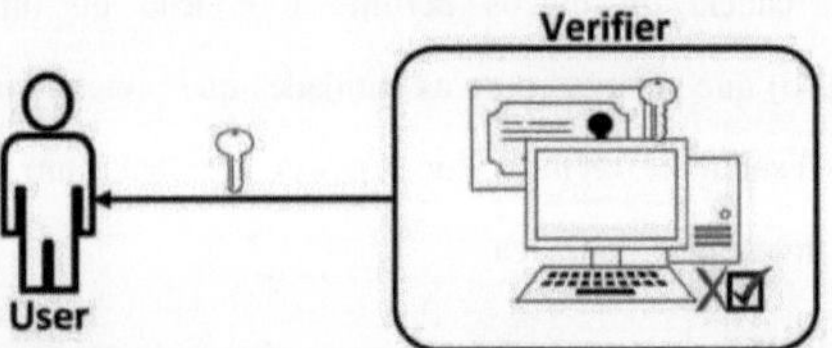

Figura 3-4 Chave privada de associação

3.5.4 Par de chaves de transação:

O par de chaves de transação (*Ktrans, K^{1-} trans*) é constituído pelas chaves pública e privada da transação. Estas chaves são geradas pelo utilizador a partir dos parâmetros recebidos do emissor em associação com a chave de verificação. A chave privada de transação é utilizada para assinar blocos denotados como uma representação da assinatura digital para um bloco gerado a partir da chave privada de adesão. O atributo de não-repúdio é satisfeito pela inclusão desta chave, uma vez que indica que os utilizadores autenticados para efetuar as transacções no sistema são as únicas partes envolvidas. As acções dos referidos utilizadores não podem ser negadas, uma vez que são as suas assinaturas que constam do bloco. A chave pública da transação fornece um meio de verificação do bloco ou blocos assinados por um utilizador. Nos casos em que se verifica uma incompatibilidade, o bloco associado é rejeitado.

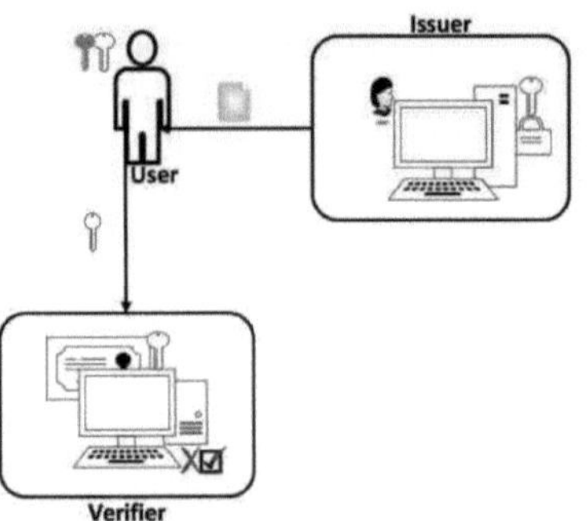

Figura 3-5 Par de chaves públicas/privadas da transação

Para criar transacções de pedidos de ficheiros, concedendo acesso aos ficheiros pedidos, são necessários os seguintes passos.

- **Ficheiro de pedido**: O utilizador envia um pedido de contribuição de dados ou de acesso ao sistema. O pedido é criado pela *chave privada de membro* obtida do verificador durante a verificação de membro. O utilizador utiliza a *chave privada de membro* para criar o pedido, assina-o com a *chave privada de transação* e envia-o para os nós de processamento para processamento. Os carimbos de data/hora e os campos de dados necessários no bloco capturam detalhes como a ID do requerente, a assinatura e outros atributos, bem como a ID dos nós de processamento, a assinatura e os carimbos de data/hora associados. Os atributos dos pedidos são registados como parte da transação e anexados aos dados de destino após a conclusão do ciclo.
- **Pedido de concessão**: Para processar os pedidos, os nós de processamento verificam se as assinaturas contidas nos pedidos estão em conformidade com as que o verificador tem em arquivo

e se as políticas de permissões associadas aos dados solicitados são respeitadas. Quando todas as condições são satisfeitas, os nós autorizam o pedido enviando uma resposta ao requerente e registam os carimbos de data/hora das transacções e os atributos do requerente.

- **Ficheiro de acesso**: Após a concessão do pedido de um utilizador, é-lhe dado acesso ao pedido ou à contribuição de dados. Durante o processamento, a camada de formato do bloco é completada pela aposição de um número de sequência ao bloco gerado para identificam a posição atual deste bloco. Como parte do processamento, o número da versão do bloco é registado no cabeçalho. O hash do bloco anterior é também registado no cabeçalho, juntamente com a raiz Merkle formada a partir de todas as transacções incluídas no bloco atual. O hash do cabeçalho é calculado, preparando o bloco para a difusão. O comprimento do bloco é registado e o BlockLockTime bloqueia o bloco com um carimbo de data/hora. Agora, há uma garantia de que o bloco é um constituinte da rede blockchain e faz parte de uma cadeia.

Quando outros blocos são formados depois deste, o hash do cabeçalho do último bloco na rede é retirado e anexado ao cabeçalho do bloco mais recente, o que lhe permite fazer referência a todos os blocos anteriores e, consequentemente, às transacções na rede da cadeia.

A criação de transacções no sistema pelos participantes na rede gera uma grande quantidade de dados sob a forma de carimbos de data/hora e metadados. Estes dados podem ser utilizados para construir um registo de alterações pormenorizadas dos dados no sistema. Este registo é aproveitado para criar uma construção para a geração de crónicas e alterações nos registos médicos electrónicos dos doentes, que é apropriadamente designada por Conta de Dados de Saúde. É proposta depois de os actores da rede serem descritos abaixo.

3.6 Actores da rede

A atenção centra-se agora na lista de actores do sistema e na forma como interagem.

3.6.1 Doente

O sistema, os seus dados e protocolos de comunicação, etc., interagem entre si para benefício supremo do doente. O paciente é o beneficiário final do sistema, uma vez que este apresenta (no seu estado ideal) o seu historial médico completo e lhe permite controlar totalmente a partilha ou a restrição do acesso a esse historial, conforme considere ser do seu interesse. É a partilha dos dados deste historial que facilita a investigação em saúde pública por parte dos investigadores e instituições registados e/ou participantes. A vontade de partilhar dados (pelos métodos actuais) exige um compromisso com a privacidade e a perda de controlo sobre a utilização dos dados. A participação na rede procura inverter este estado de coisas.

3.6.2 Fornecedores de seguros médicos

Estes (designados por MIP ou simplificam os prestadores) são entidades que fornecem cobertura (planos de pagamento acordados) para transacções de cuidados de saúde. São parte integrante da continuidade dos cuidados de saúde, uma vez que fornecem o financiamento necessário para facilitar os serviços prestados pelos estabelecimentos de saúde aos doentes. Necessitam de informações pormenorizadas sobre os episódios de cuidados de saúde dos doentes para reembolsar os profissionais e as instituições de cuidados de saúde pelos serviços prestados. O acesso a dados actuais e exactos é fundamental para a eficiência e eficácia dos serviços que prestam aos doentes.

3.6.3 Médicos

São profissionais encarregados de gerir os cuidados prestados aos doentes. Fazem diagnósticos, analisam o historial dos doentes (dados), prescrevem tratamentos e medicamentos e determinam, em grande medida, o conteúdo do historial dos doentes. Como actores na rede, escrevem dados no EHR que, após validação, vão para a blockchain dos pacientes.

3.6.4 Especialistas

Trata-se de prestadores de cuidados especializados a quem os médicos e outros profissionais de saúde encaminham os doentes que necessitam de atenção extra e cuidados especializados. A sua participação na rede acrescenta ao historial dos doentes registos de cuidados especializados. Para efeitos do presente documento, são tratados como os médicos. Merecem, de facto, uma menção especial porque o seu envolvimento nos cuidados de saúde dos doentes implica, muitas vezes, custos mais elevados e procedimentos de tratamento fora do comum, conduzindo, por vezes, a situações em que é necessário recorrer a algum tipo de arbitragem para determinar os pagamentos a efetuar no decurso dos cuidados longitudinais. Esta situação afecta a qualidade de vida dos doentes e é, por isso, considerada.

3.6.5 Farmácias

As farmácias atendem às necessidades de medicamentos do doente. A partir delas, (e dos farmacêuticos) é servida a lista de medicamentos que foram prescritos ao doente. O seu papel na rede fornece informações adicionais sobre o tratamento dos doentes, não só no que diz respeito aos medicamentos utilizados e aos custos associados, mas também à resposta dos doentes a determinados medicamentos, às atitudes daí resultantes e à adesão às instruções dos médicos.

3.6.6 Investigadores

Estes intervenientes beneficiam da rede ao poderem verificar se existem dados partilhados sobre os doentes, como episódios com os prestadores de cuidados ou doenças específicas. Solicitam dados da rede para a sua investigação/análise e, como controlo, a rede de cadeias de blocos pode ser consultada para fornecer provas da autenticidade dos seus resultados. Uma vantagem apresentada aqui é o facto de as regras de consenso utilizadas para a validação serem, por natureza, públicas.

Seguem-se exemplos de regras de consenso que os nós podem examinar para determinar a validade das transacções. Estas regras são normalmente determinadas por entidades na rede para garantir que os dados adicionados à cadeia de blocos (neste caso, o registo dos doentes) cumprem as normas acordadas e são completos, válidos e actuais. Abaixo estão algumas regras de consenso:

1. Verificar a correção sintáctica das transacções ou pedidos recebidos.
2. Rejeitar blocos se a lista de transacções estiver vazia, continuar a processar se houver pelo menos um.
3. Verifica a validade dos carimbos de data/hora associados aos pedidos.

4. Elimina os pedidos que não fazem referência a um conjunto de políticas de permissões conhecido.
5. As transacções têm de ter assinaturas correctas e válidas para que o processamento possa continuar.
6. Verifica se o hash do bloco anterior corresponde ao último na cadeia de blocos.
7. Verificar se o bloco ainda não existe na cadeia.
8. Adiciona o bloco à cadeia se todas as regras forem cumpridas.

Os diagramas abaixo (na página seguinte) destacam os passos dados para aderir à rede após o pedido de um doente para o efeito. Abrange a autenticação dos utilizadores no sistema feita pelo Emissor e pelo Verificador e termina com os nós de processamento que processaram os pedidos, armazenando a política de permissões do doente definida no centro do contrato inteligente e fornecendo armazenamento para os dados do doente.

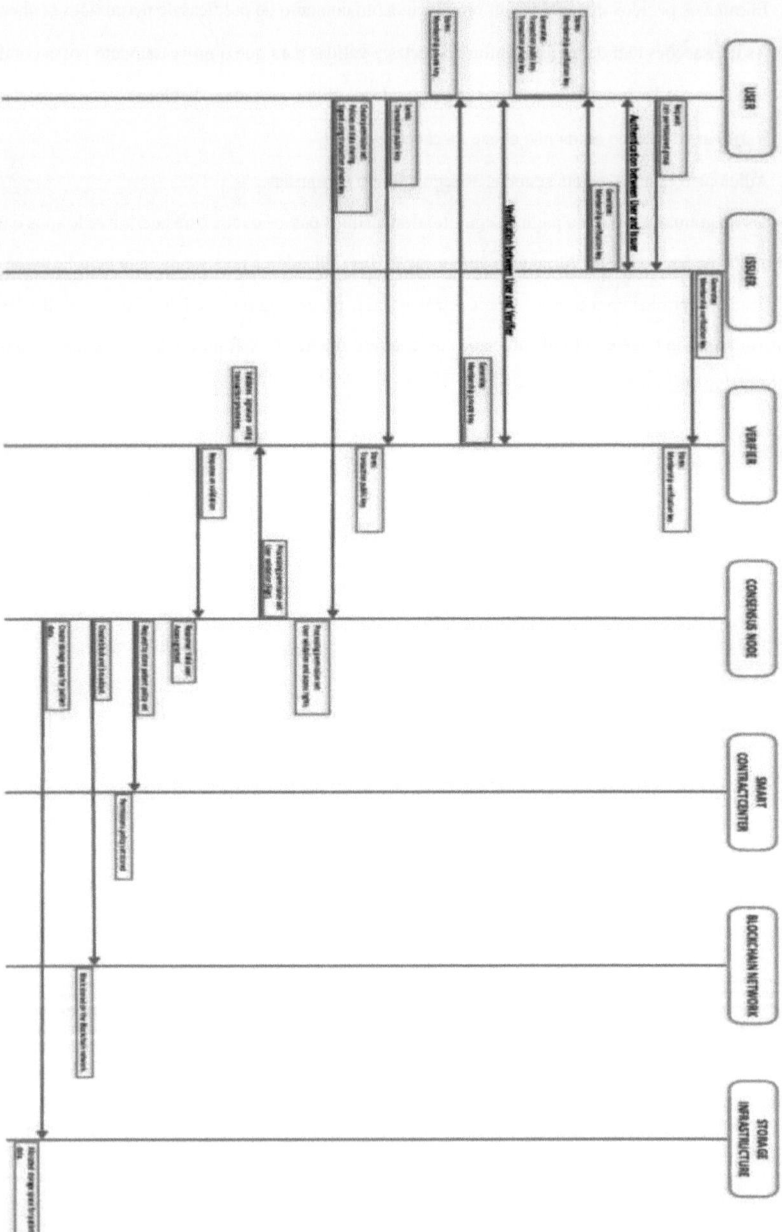

Figura 3-6 Conclusão do pedido do paciente e aprovisionamento do espaço de armazenamento após a adesão à rede.

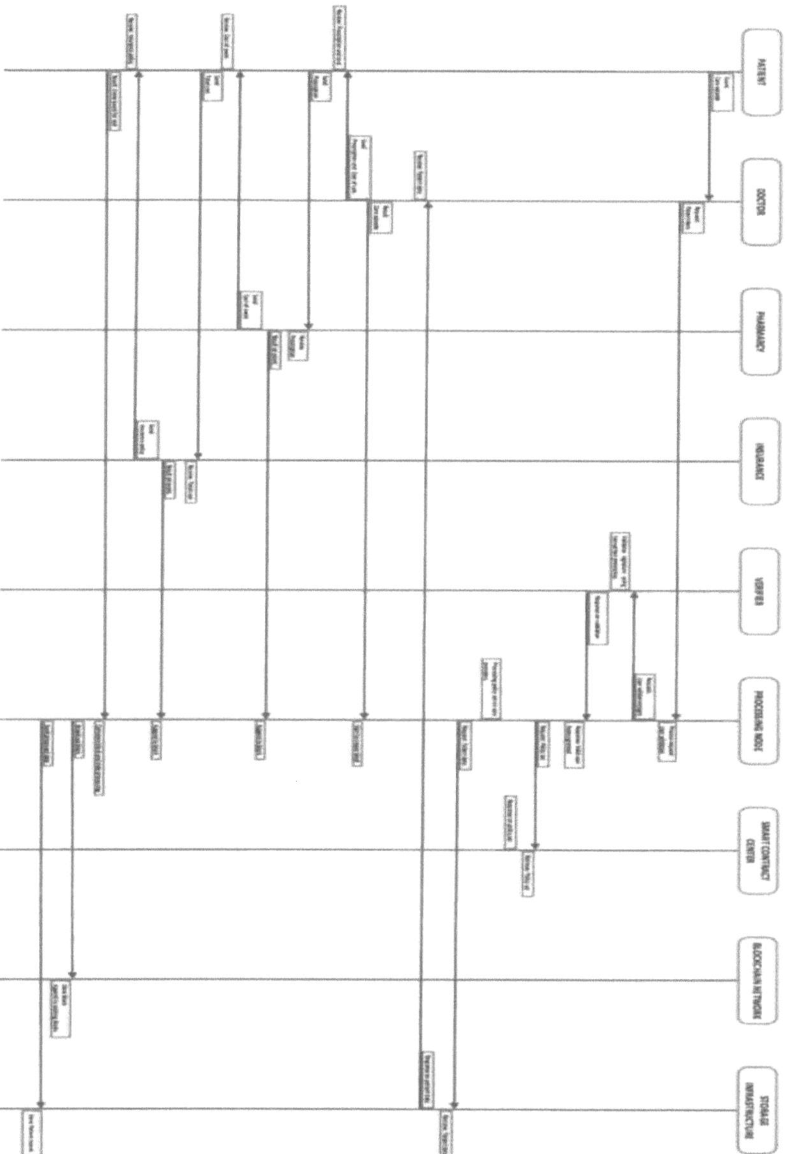

Figura 3-7 Diagrama do episódio de cuidados de saúde do doente, desde o início do episódio de cuidados até ao armazenamento dos dados na memória aprovisionada.

3.7 Blocos

No sistema, os blocos são criados a partir de transacções de dados recolhidos. Isto cria registos de todos os eventos e é transmitido a todos os nós da rede blockchain. Os blocos utilizados no sistema são descritos abaixo.

3.7.1 Estrutura de blocos

Um bloco tem um formato que o identifica de forma única na rede. Segue-se o campo de tamanho do bloco, que contém o tamanho do bloco em bytes. A estrutura seguinte é o cabeçalho do bloco. O cabeçalho do bloco é submetido a um hash com SHA-256 (SHA-256()), tal como acontece com os cabeçalhos da Bitcoin. Desempenha um papel importante na rede blockchain, garantindo a imutabilidade. Para falsificar os registos de um bloco, um atacante deve alterar o seu cabeçalho e ser capaz de alterar todos os cabeçalhos de blocos a partir do bloco de génese, a fim de falsificar o registo de um bloco, uma tarefa que exige um poder de computação significativo, atualmente considerado indisponível para qualquer parte. Isto garante a segurança da rede e este mecanismo também garante a proveniência dos dados. No caso de actividades maliciosas, a incompatibilidade de blocos alertará o sistema para um evento suspeito que desencadeia a análise forense dos dados.

O cabeçalho do bloco contém a versão dos dados que indica as regras de validação a seguir para os dados. A versão dos dados dá conta das propriedades e do tipo de dados que estão a ser acedidos. O cabeçalho é também composto pelo hash do bloco anterior, que é um hash SHA-256 (SHA-256()) cuja função é garantir que nenhum cabeçalho de bloco anterior possa ser alterado sem alterar o cabeçalho deste bloco. O hash da raiz Merkle faz parte do cabeçalho e é obtido através do hashing de pares de transacções, do hashing dos hashes resultantes até se obter um único hash. A saída resultante é anexada ao bloco atual. O cabeçalho inclui um carimbo de data/hora de quando o bloco foi criado e uma dificuldade alvo que é um valor de como o processamento é alcançado pelos nós de processamento e consenso. Este valor é exclusivo do sistema para tornar o processamento difícil para os nós maliciosos, mas eficiente e solucionável pelos nós verificados no sistema. Finalmente, há um nonce que é um valor arbitrário que os nós de processamento geram para modificar o hash do cabeçalho para produzir um hash abaixo da dificuldade alvo. O cabeçalho do bloco tem um total de seis componentes.

O bloco tem um contador de transacções cuja função é registar o número total de transacções em todo o bloco. A transação utilizada no sistema proposto neste livro é um composto de transacções de base e de transacções de pacientes. As transacções de base são categorizadas em duas partes: os carimbos de data/hora e os dados. Os carimbos de data/hora são constituídos por PCT (Policy Creation Time), PRT (Policy Request Time), NPT (Node Processing Time) e NBT (Node Broadcast Time), enquanto a parte dos dados é constituída por PSIG (Patient Transaction Private Key), PID (Patient ID), Permissions Policy Set(*PSET*), *NSIG* (Node Transaction Private Key) e NID (Node ID). Este é o modelo padrão para as transacções Base. A transação Patient também está dividida em duas partes, ou seja, os carimbos de data/hora e os dados. Estas transacções foram concebidas para acomodar eventos múltiplos mas limitados, incluindo instâncias de transacções de utilizadores não contabilizadas até ao momento da redação deste documento. Segue-se uma breve descrição das estruturas de dados enumeradas.

- **PCT**: A hora de criação da política é um carimbo de data/hora que regista a hora exacta em que o conjunto de políticas de permissões foi criado para um doente na cadeia de blocos. Juntamente com outras estruturas, permite um rasto de provas que ajuda na auditoria e na resolução de problemas no bloco.
- **PRT**: O Tempo de Pedido de Política é o carimbo de data/hora registado no momento em que é feito um pedido para examinar o Conjunto de Políticas de Permissões para parâmetros que determinam quais os dados que podem ser acedidos ou partilhados por um ator da rede, como um médico que pede o historial médico de um paciente.
- **NPT**: O tempo de processamento do nó é a estrutura que regista o tempo necessário para processar o pedido recebido pelo nó. Faz parte do bloco e é guardado para efeitos de otimização total do sistema.
- **NBT**: O Node Broadcast Time é o carimbo de data/hora registado contra a anexação dos blocos verificados na cadeia de blocos. Isto também ajuda na resolução de questões que surgem com base no tempo, como auditorias e disputas, em que a resolução pode ser melhor alcançada através de linhas de tempo registadas.
- ***PSIG***: Esta é a chave privada de transação do doente. É utilizada para assinar todos os conjuntos de políticas que permitem ao doente partilhar dados com outros intervenientes na rede. Também é utilizada quando é necessário atualizar o conjunto de políticas.
- **PID**: Este é o ID do doente. No nosso sistema, trata-se de uma cadeia de caracteres única que representa um doente na rede. Pode ser um nome completo, um endereço de correio eletrónico ou um número de segurança social, ou qualquer outra cadeia capaz de identificar exclusivamente o doente na rede.
- ***PSET***: O Conjunto de Políticas de Permissões é um conjunto de permissões de acesso que é gerado quando o utilizador se inscreve pela primeira vez para ser um participante na rede. Estas especificam quais os dados a que os utilizadores (que não o doente) podem aceder e, através de contratos inteligentes, quais as acções que podem executar nos dados da rede.
- ***NSIG***: A Assinatura de Nó é uma assinatura anexada aos blocos após o processamento. É essencial que a assinatura de um bloco pertença ao nó que criou o bloco em primeiro lugar e que está registado na rede. O contrário indicará que a rede tem um nó malicioso e que é necessário aplicar medidas correctivas.
- **NID**: O NID é a identidade única atribuída a todos os nós activos da rede. No nosso sistema, estes serão os IDs dos servidores pertencentes aos hospitais, clínicas, instituições de investigação e organismos reguladores participantes.

Segue-se o diagrama que descreve a estrutura de blocos para o registo de transacções nos dados dos doentes.

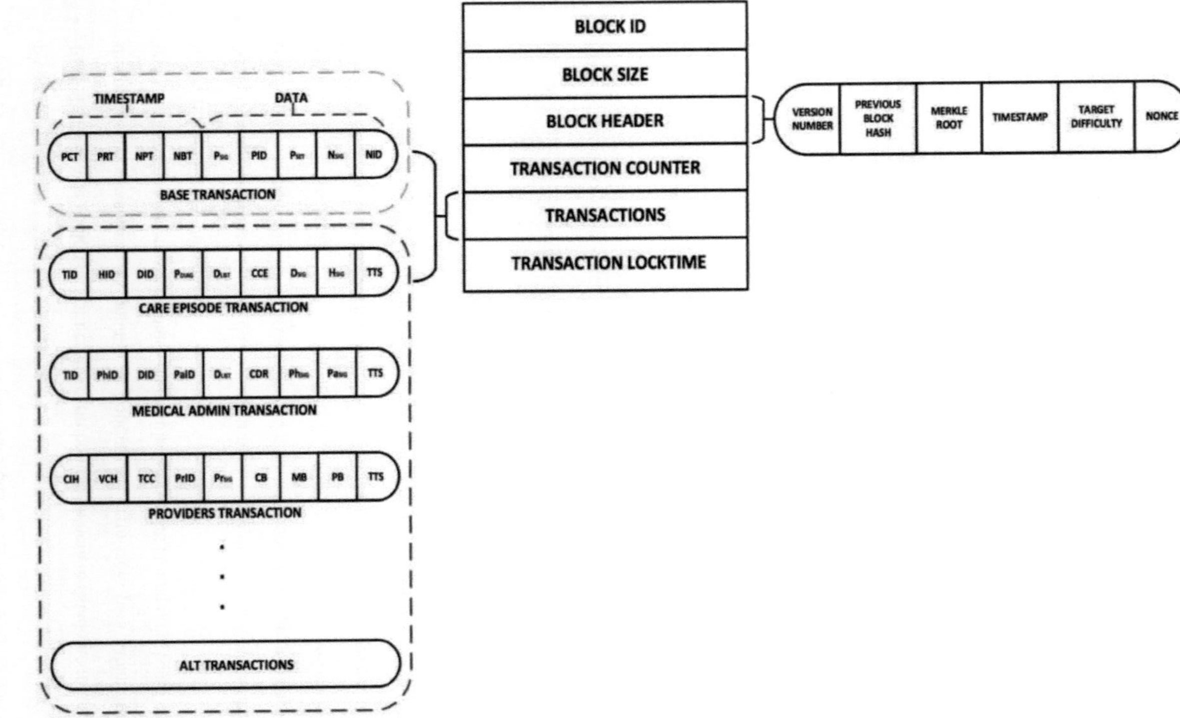

Figura 3-8 Estrutura de blocos do bloco HDA do doente

3.8 Estruturas de dados de transação de relação de pares

As transacções de dados dos doentes são registadas com foco nas presumíveis relações "primárias" entre o doente e os estabelecimentos de saúde, as administrações médicas (farmácias) e os prestadores de seguros médicos. Os registos de todas as transacções com estas instituições são armazenados no bloco para criar um registo de transacções que fornece um historial médico completo do doente. Para o sistema proposto neste trabalho, são descritas três transacções, cada uma delas dedicada às principais relações existentes no continuum da prestação de cuidados de saúde. As transacções descrevem as interacções dos doentes com os profissionais de saúde na prestação de cuidados de saúde. São elas: CET (Care Episode Transactions), MAT (Medication Administration Transactions) e PT (Providers Transactions). O conteúdo de cada transação é apresentado a seguir.

3.8.1 CET: Transação de Episódios de Cuidados

As Care Episode Transactions (Transacções de Episódios de Cuidados) registam as interacções que ocorrem entre o doente e um profissional de saúde (por exemplo, um médico) num estabelecimento de saúde. Estes registos captam os detalhes das interacções do doente com o profissional num registo cronológico. Regista os pormenores a seguir indicados:

- **Identificação da transação (TID)**: A cada transação na CET é atribuído um ID único para efeitos de identificação. Este ID inicia a sequência de detalhes capturados no bloco e permite que a(s) transação(ões) seja(m) referenciada(s).
- **Identificação do estabelecimento de saúde (HID)**: A prestação de cuidados de saúde dificilmente passa ao lado das instituições de saúde. Cada instituição que se regista na rede recebe um ID único que é utilizado para referenciar as transacções efectuadas por ela ou através dela em cada episódio de cuidados.
- **ID do médico (DID)**: Cada profissional de saúde da rede recebe uma identificação única. Esta ID é utilizada no sistema para efeitos de identificação e auditoria. Para os médicos, esta identificação pode ser o seu número de licença, uma vez que é único e verificável.
- ***PDIAG***: É o diagnóstico/análise que um médico ou outro profissional de saúde efectua com base nas informações (queixas) do doente e na sua opinião especializada (profissional). Normalmente, é redigido sob a forma de resumo e descreve o estado do doente, a sua natureza, a(s) causa(s) provável(eis), os exames (ou séries de exames, análises laboratoriais) dos sintomas e/ou sinais observados.
- **LISTA DE MEDICAMENTOS**: Após o diagnóstico, os médicos prescrevem normalmente medidas correctivas que incluem a utilização de produtos e preparações farmacêuticas. As prescrições incluem normalmente a forma como estes medicamentos devem ser aplicados, ou seja, se devem ser tomados por via oral, inalada, etc., e a dosagem.
- **Custo dos cuidados de saúde (CCE)**: Este campo regista o custo (em termos monetários) do serviço

prestado ao doente. É guardado nas transacções CET e, ao longo do tempo, pode fornecer o custo longitudinal total dos cuidados de saúde para um determinado doente. Os contratos inteligentes podem ser aplicados para enviar este custo aos prestadores, de modo a permitir um processo de pagamento mais rápido e eficiente no sistema.

- ***DSIG*:** Este campo contém a Transaction Private Key (chave privada de transação) do médico que prestou cuidados ao doente no episódio de cuidados em análise. Desempenha o papel de uma chave de assinatura e ajuda a estabelecer de forma incontestável que um doente foi tratado por um médico.
- ***HSIG*:** A chave privada de transação do estabelecimento de saúde em que o doente é tratado é também utilizada para assinar o bloco. Juntamente com outras assinaturas, isto é útil para associar o estabelecimento de saúde, o profissional de saúde, o doente e o facto do tratamento ao pedido de pagamento dos serviços prestados.
- **Carimbo de data/hora da transação (TTS)**: Este é o carimbo de data/hora aplicado à lista de transacções no bloco quando a última entrada foi introduzida. Ele sela o bloco e aciona o cálculo de seu hash para inclusão no bloco.

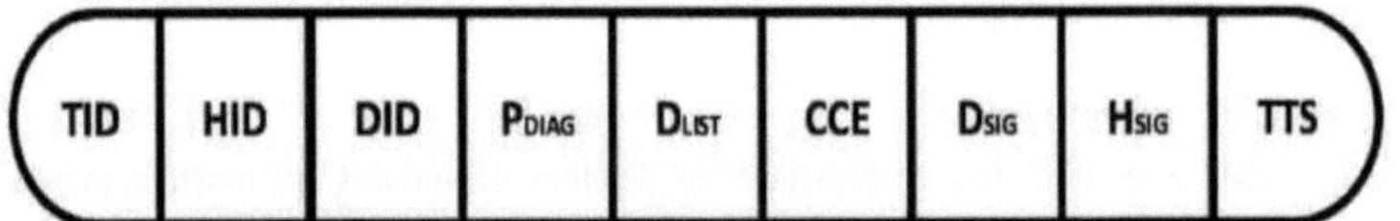

Figura 3-9 Estrutura da transação do episódio de prestação de cuidados

3.8.2 MAT: Transação de administração de medicamentos

As transacções de administração de medicamentos ligam o doente a farmácias e farmacêuticos através da prescrição dada pelo profissional de saúde de serviço para um episódio de cuidados específico. Mantém um histórico de todos os medicamentos que foram administrados a um doente desde o seu registo no sistema. Esta transação regista os seguintes dados:

- **ID da transação (TID)**: A cada transação no MAT é atribuído um ID único para efeitos de identificação. Este ID inicia a sequência de pormenores capturados na transação e permite que a transação seja referenciada.
- **ID da farmácia (PhID)**: A farmácia que dispensa medicamentos no sistema recebe uma cadeia de identificação única gerada no sistema no momento do registo. É introduzida nas transacções que o doente efectua com as farmácias para ajudar a garantir o não repúdio das acções realizadas na rede pela farmácia na prestação de cuidados de saúde. Estes IDs são-lhes atribuídos para efeitos de identificação e, se for caso disso, para facilitar a auditoria.
- **Identificação do médico (DID)**: A identificação do médico é igual à da transação CET e é incluída para efeitos de responsabilidade. Permite a criação de uma ligação entre o médico e o agente dispensador de medicamentos durante um episódio de cuidados específico.
- **ID de assistente de farmácia (PaID)**: Trata-se de um ID atribuído a um agente de distribuição de

medicamentos numa farmácia registada. Com a ajuda de outras estruturas, ajuda a ligar as entidades relevantes na administração de medicamentos ao doente, conforme autorizado por um profissional de saúde qualificado. Também facilita a identificação e a auditoria.

- **Lista de medicamentos (DLIST)**: Esta lista é a mesma que a lista de prescrições na transação CET. É assinada pela farmácia como prova ou não de que o doente recebeu a receita.
- **Custo dos medicamentos (CDR)**: Este campo regista o custo monetário real dos medicamentos fornecidos a um doente.
- ***PhSIG***: Esta é a Transaction Private Key (chave privada de transação) da Farmácia que é utilizada para assinar as receitas apresentadas aos doentes.
- ***PaSIG***: Esta é a Transaction Private Key (chave privada de transação) do agente que forneceu a receita ao doente.
- **Carimbo de data/hora da transação (TTS)**: Este carimbo de data/hora é gerado no momento em que a transação recebe a sua última entrada. Funciona como um selo e faz parte do mecanismo de proteção contra a revisão das entradas de bloco. Uma transação com este carimbo de data/hora constitui uma transação MAT completa.

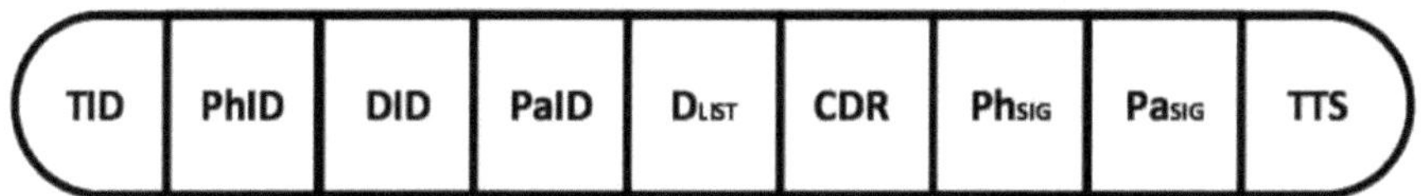

Figura 3-10 Estrutura da transação da administração médica

3.8.3 PT: Transação de fornecedores

A transação dos prestadores de cuidados de saúde estabelece a ligação com a CET e a MAT através dos campos de custo em ambas as transacções. Esta transação existe para guardar informação sobre o custo dos cuidados de saúde numa transação fidedigna com carimbo de data e hora. Os seus campos são apresentados nos detalhes abaixo:

- **Hash de IDs composto (CIH)**: O sistema utiliza o hash composto de IDs (ID do médico, ID do dispensador e ID do doente) como precursor do pedido de pagamento. Quando este hash é colocado na transação, considera-se que ocorreu um episódio de cuidados de saúde e que o prestador de cuidados de saúde pode esperar um pedido de pagamento e, consequentemente, iniciar o processamento do pagamento.
- **Hash da causa da visita (VCH)**: A causa da visita é submetida a um hash antes de ser enviada para o prestador de serviços de seguros. Isto é feito para dar ao paciente alguma privacidade com o prestador de cuidados de saúde. Esta informação é incluída no resumo da visita que o profissional de saúde prepara no final de um episódio de cuidados.
- **Custo total dos cuidados de saúde (TCC)**: Os campos de custo dos cuidados nas transacções CET e MAT são totalizados e armazenados no campo TCC para que as entidades seguradoras possam efetuar

o pagamento do serviço conforme combinado.

- **PrID**: Trata-se da cadeia de identificação única atribuída ao prestador de cuidados de saúde na rede.
- ***PrSIG***: A chave privada de transação do fornecedor é utilizada para assinar transacções de pagamento concluídas.
- **CET BlockLockTime (CB):** Este campo faz referência ao carimbo de data/hora da transação do episódio de cuidados em causa.
- **MAT BlockLockTime (MB):** este campo faz referência ao carimbo de data/hora da transação da interação em causa com a agência de distribuição de medicamentos.
- **Carimbo de data/hora da transação (TTS)**: Este carimbo de data/hora é gerado no momento em que a transação recebe a sua última entrada. Funciona como um selo e faz parte do mecanismo de proteção contra a revisão das entradas de bloco. Uma transação com este carimbo de data/hora constitui uma transação MAT completa.

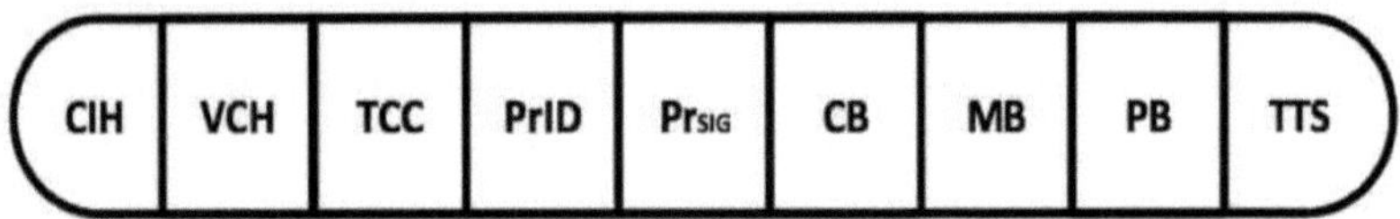

Figura 3-11 Estrutura da transação dos fornecedores

3.8.4 Transacções alternativas

Este campo está incluído na conceção do bloco para permitir a sua expansão. Destina-se a captar outras condições, factores ou atributos não especificados nesta iteração dos conceitos aqui apresentados. Incluem-se campos específicos para captar eventos como violações do conjunto de políticas de permissões, pedidos de dados malformados e respostas inadequadas detectadas por entidades do sistema em nome do doente, etc. Pode, com a supervisão do centro de contratos inteligentes, ser utilizado para captar os investigadores ou instituições que solicitaram dados e quais os pedidos que foram concedidos ou recusados, a utilização que foi dada aos dados, etc. As permissões de visualização de outros utilizadores que tenham sido revogadas podem ser captadas nos campos Alt. Transação. A estes é atribuída uma capacidade máxima de 700 bytes por transação no sistema e existem 7 por bloco.

Mais uma vez, ao utilizar as transacções Alt, podem ser utilizados vários locais diferentes para o armazenamento dos dados reais, uma vez que existe um registo verificável permanente da sua localização. Nesses casos, embora existam vários locais de armazenamento dos dados de um doente, não ocorre fragmentação, uma vez que a localização é transparente para os utilizadores do sistema devido ao controlo e gestão do acesso à cadeia de blocos. É de notar que nem todos os campos da estrutura de dados apresentada têm de ser preenchidos para que um bloco e as suas transacções sejam válidos. Se não tiverem ocorrido transacções entre o doente e uma farmácia, a subestrutura MAT pode ser deixada em branco.

Finalmente, a estrutura que completa o bloco é a Transaction LockTime. Este é um carimbo de data/hora que regista a última entrada da transação, bem como o encerramento de um bloco. Quando preenchido, o bloco é "selado" e está pronto para ser transmitido para a rede blockchain. O Transaction LockTime geralmente significa a hora em que o bloco entra na cadeia de blocos.

Os dados reais cujos registos são mantidos na cadeia de blocos são guardados na plataforma de armazenamento seguro em pacotes de dados. Para simplificar, o pacote é um ficheiro de 152 Bytes. Está dividido principalmente em duas secções: o cabeçalho e os dados. O cabeçalho tem o ID do cabeçalho, o preâmbulo, o delimitador de início de pacote e um hash do ID do paciente. Em conjunto, constituem 24 bytes do pacote. Os dados ocupam os restantes 0 a 128 Bytes do pacote. O diagrama abaixo mostra o pacote de dados.

3.9 Contratos inteligentes

Os contratos inteligentes são aplicações que correm na cadeia de blocos e são executados por todos os nós da rede. O seu código especifica os termos e as condições dos "contratos" e a sua vida na rede blockchain garante que não podem ser alterados e, assim, proporcionam a confiança que anteriormente exigia controlos elaborados e processos de auditoria conduzidos por terceiros ou árbitros de confiança. Os contratos inteligentes contêm conjuntos de instruções complexos e muito pormenorizados que automatizam processos que teriam exigido a supervisão de autoridades centralizadas. Isto elimina a dispendiosa duplicação de esforços com a automatização e acrescenta um acompanhamento dinâmico das acções na rede.

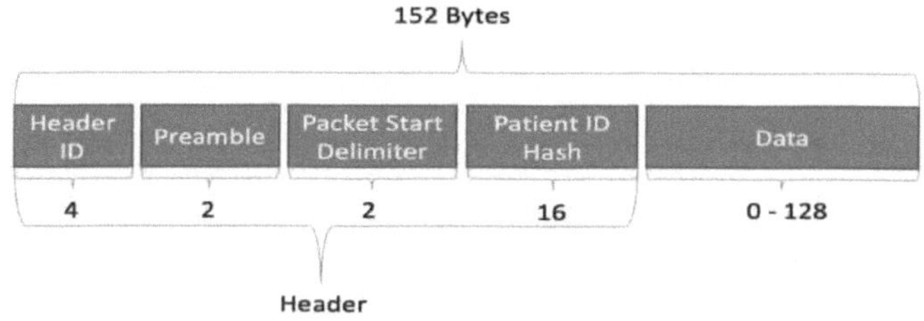

Figura 3-12 Estrutura do pacote de dados

Os contratos inteligentes permitem a criação de regras de acesso altamente extensíveis, dinâmicas e escaláveis que podem ser utilizadas para partilhar os detalhes que um utilizador desejar. São adequados não só para o acesso aos dados, mas também para a automatização de processos que podem/devem ter lugar quando as condições especificadas são cumpridas e são auto-executáveis sem a possibilidade de inatividade, censura, fraude ou interferência de terceiros. Podem mesmo especificar pontos no tempo em que certas acções devem ter lugar, tal como especificado nos seus contratos. A inclusão de contratos inteligentes no sistema proposto torna possível o modelo híbrido de controlo de acesso apresentado neste livro. Na página seguinte são apresentados guiões muito básicos sobre o funcionamento de hospitais e farmácias no sistema apresentado.

```
contract Hospital {
    uint64 HID;
    uint64 sign;
    uint cost;
    unit TTS;//define every element we need

    function create_account(unit B_TTS){
        HID = rand()*rand();//the HID is a random number
        sign = rand()*rand();
        cost = get_time();//there is a function used to calculate time
        TTS = B_TTS;//TTS comes from the system
    }
    function get_information() returns (string patientsdata){
        patientsdata = "xxxxxxxxxxxx"
    }//get the information from hospital

    function send_information(string patientsdata) returns (string resMes){
        string data;
        data = patiensdata;
        //call the command of database
        resMes = "successful";
    }//send the information to database

    function get_permission(uint64 TID) returns (string resMes){
        //link the transaction get the message
        resMes = "successful";
    }
}
```

Figura 3-13 Contrato inteligente para transação da CET

```
contract Pharmacy {
    uint64 PhID;
    uint64 sign;//it's different from the other sign, it belongs to Pharmacy
    uint cost;
    unit TTS;//define every element we need
    uint PaID;
    string DList;// prescription

    function create_account(unit B_TTS, string B_DList, unit B_PaID){
        HID = rand()*rand();//the HID is a random number
        sign = rand()*rand();
        cost = get_time();//there is a function used to calculate time
        TTS = B_TTS;//TTS comes from the system
        DList = B_DList;
        PaID = B_PaID;
    }
    function get_information() returns (string patientsdata){
        patientsdata = "xxxxxxxxxxxx"
    }//get the information from hospital, and be filtered

    function get_permission(uint64 TID) returns (string resMes){
        //link the transaction from other smart contracts get the message
        resMes = "successful";
    }
}
```

Figura 3-14 Contrato inteligente para transação MAT

3.10 Sistema de Conta de Dados de Saúde: HDA

Como analogia, considere-se a abertura de uma conta bancária. Esta ação cria, para um indivíduo, um repositório no sistema financeiro para o armazenamento de valor, normalmente dinheiro. Normalmente, os dados sobre o indivíduo, como o seu nome completo, data de nascimento, sexo, profissão, etc., são fornecidos ao banco, que, neste caso, actua como uma autoridade de registo. Para garantir a utilização de identidades válidas, as autoridades exigem frequentemente documentos de identificação, como passaportes e cartas de condução. Quando todos os requisitos estão preenchidos, o requerente recebe um número de conta e todas as informações necessárias para movimentar a conta. Vários bancos oferecem aos seus clientes cartões ATM que permitem o acesso a serviços como o levantamento de dinheiro fora da área geográfica imediata do banco. Os clientes podem aceder a estes serviços (por vezes) em todo o mundo, conscientes da opacidade das suas transacções para terceiros. Sabem (no caso ideal) que todas as transacções ocorrem com a(s) sua(s) autorização(ões) e têm a liberdade de encerrar a conta e/ou transferir os fundos nela contidos para outra instituição, se assim o desejarem. Para efeitos deste exemplo, admitimos um cenário em que um cliente obtém dois cartões multibanco, *A* e *A'*, do banco e entrega *o A'* a uma pessoa a quem pretende permitir o acesso aos seus fundos, por exemplo, um cônjuge. Como parte do acordo de acesso, o banco concorda em revogar o acesso concedido a *A' a* pedido do cliente.

Abstraímos estes conceitos de criação de uma reserva de valor e de acesso seletivo ao seu conteúdo para criar o que designamos neste trabalho por HDA, um modelo de dados do conceito financeiro. Enquanto uma conta bancária armazena dinheiro, a HDA armazena registos de transacções. Um doente abre uma conta registando os seus dados no sistema junto da autoridade de registo, neste caso um estabelecimento de saúde ou qualquer outro estabelecimento autorizado a fazê-lo. Todos os dados necessários, tal como no parágrafo anterior, são registados no sistema para facilitar a identificação, a autenticação e a autorização e, após a conclusão bem sucedida do processo, fornecem um local para o armazenamento dos seus dados médicos.

O processo começa com a autenticação e verificação da adesão após a receção de um pedido do doente para abrir uma conta HDA. A aquisição e verificação de

a identidade do paciente utilizada na geração de chaves específicas precisa de ser segura através dos sistemas anteriormente referidos. Neste trabalho, são adoptados mecanismos eficientes e seguros que garantem a segurança do utilizador como meio de autenticação de membros. Já foram descritos os métodos necessários para a configuração de um novo utilizador como membro do sistema.

Para concluir o processo de registo, é gerado um Conjunto de Políticas de Permissões. Este regula o acesso que facilita a partilha e é armazenado na base de dados de permissões na camada de gestão de dados e estabelecimento de políticas. É criado um bloco (o Genesis Health Block, GHB) e enviado para a cadeia de blocos, enquanto os dados desta transação são transmitidos para a camada de armazenamento. Abaixo está um exemplo de conjunto de políticas de permissões.

```
<Permissions Policy Id="117-11191983" RuleCombiningAlgId="">
    <CareTeam>
        <hospital_id>"090309349067997465"</hospital_id> // patient primary care point
        <doctor_id>"980002389"</doctor_id> // patient's primary doctor
        <doctor_sig>"89ab897200009"</doctor_sig> // doctor's signing key
        <doctor_id>"980034389"</doctor_id> // patient's secondary care giver
        <doctor_sig>"89ab89720ac09"</doctor_sig> // doctor's signing key
        <p_legal>""</p_legal> // emergency contact
    </CareTeam>

    <Actions>read</Actions> // Read data
    <Actions>append</Actions> // Write

    <Condition RuleId="001" Effect=" ">
        <Condition FunctionId="">access for care delivery</Condition>
        <Condition FunctionId="">access for research</Condition>
    </Condition>

    <Obligations>
        <Obligations ObligationsId="059" FulfillOn="">log</Obligation> // logging data
        <Obligations ObligationsId="067" FulfillOn="">timestamp</Obligation> // timestamping data
        <Obligations ObligationsId="069" FulfillOn="">broadcast</Obligation> // broadcast to blockchain
    </Obligations>
</Permissions>
```

Figura 3-15 Política de permissões definida em xml

```
struct Permission{
   bool y_n;//get the permission or not
   string p_set;//the permission's name
   }

contract Permission_check {
    uint64 HID;
    uint64 PID;
    uint64 PhID;
    uint64 DID;
    uint cost;
    unit TTS;//define every element we need
    uint PaID;
    Permission Per[];//define a array of permission to store  the detail of permission

function get_information(uint64 B_sign; uint64 B_PID; uint64 B_PhID; uint B_PaID) {
        HID = B_HID;//the HID is from system
        sign = B_sign;
        PID = B_PID;
        PhID = B_PhID;
        PaID = B_PaID;
        do{
             Per[i] = B_Per[i];
             i++;
        }while(B_Per[i] != NULL)//get the information about the permission patients give
    }//get the information about the patient, hospital, pharmacy

    function check(Permission Per) returns (string resMes){
        do{
             do{
                  //link to database, permit the database to send the message to user
             }while(Per[i] == 1)
        }while{Per[i] != NULL}
        //call the command of database
        resMes = "successful";
    }//check the permission, if there is "1", patient permits sharing, no otherwise
}
```

Figura 3-16 Verificação de permissões antes do acesso

3.10.1 Tamanho do bloco e análise

A secção seguinte regista as dimensões dos blocos com base em pressupostos relativos à dimensão dos ID, assinaturas digitais, carimbos de data/hora e outras estruturas. Assumindo três transacções primárias e sete outras de 700 bytes em média, a dimensão da transação por bloco atingirá um máximo de 23,7 KB. Os blocos e os campos e dimensões que os constituem são ilustrados a seguir.

Base Tx(Bytes)		Care Episode Tx(Bytes)		Med. Admin Tx(Bytes)		Providers Tx(Bytes)		Alt. Tx(Bytes)	
PCT	19	TID	5	TID	5	CIH	16		
PRT	19	HID	42	PhID	42	VCH	16		
NPT	20	DID	42	DID	42	TCC	9		
NBT	19	Pdiag	4096	PaID	42	PrID	42		
Psig	256	DList	4096	DList	4096	Prsig	256		
PID	42	CCE	9	CDR	9	CB	19		
Pset	4096	Dsig	256	Phsig	256	MB	19		
Nsig	256	Hsig	256	Pasig	256	PB	19		
NID	32	TTS	19	TTS	19	TTS	19		
	4759		**8821**		**4767**		**415**		**4900**

Figura 3-17 Capacidade de transacções por bloco

Estrutura	Tamanho (Bytes)
Formato do bloco	4
Tamanho do bloco	4
Cabeçalho do bloco	80

Contador de transacções	9
Transacções	23662
Tempo de bloqueio da transação	4

Figura 3-18 Tamanho máximo do bloco por transação

3.11 Cenários

Os cenários seguintes são acrescentados para ilustrar o funcionamento da ADH.

3.11.1 Cenário 1: Doente adulto

Considere-se um adulto que se dirige a um hospital para tratar de um determinado problema de saúde. Para aceder ao seu historial médico e ajudar no diagnóstico, é-lhe pedida uma identificação que é introduzida no sistema proposto. Isto permite que o médico e outros profissionais de saúde acedam ao seu historial clínico completo e tomem melhores decisões quanto ao tratamento da sua doença. No final da sessão, as observações, comentários e análises do médico relativos ao seu tratamento são capturados e transmitidos para o armazenamento, enquanto os detalhes da transação do seu episódio de tratamento são preparados para a cadeia de blocos.

Ao sair do consultório médico, dirige-se à farmácia para aviar a receita. Aqui, dá a sua identificação ao empregado da farmácia para ser introduzida no sistema. O sistema autentica o doente e a receita, bem como o médico emissor. O doente pode então receber a medicação especificada na receita. A sessão termina com o registo da transação preparado para a cadeia de blocos.

Se a farmácia tiver sido a última paragem no episódio de tratamento do doente, é transmitido um registo ao prestador de serviços de seguro médico. Este contém o hash composto de IDs que apontam para a realização de transacções que geraram custos. Para processar os pagamentos, o prestador de serviços de seguro de saúde necessita dos pormenores abaixo indicados:

^ Causa da visita (hash antes da transmissão)

Instituição de cuidados de saúde (hospital, clínica, etc.)

^ Custo do tratamento,

^ Medicação(ões) prescrita(s),

Registos temporais para o episódio de cuidados, e

^ Carimbos de data e hora do serviço prestado na farmácia.

As transacções são transmitidas aos nós de processamento para a criação de blocos e os registos reais são enviados para o armazenamento após o processamento.

3.11.2 Cenário 2: Recém-nascido

Quando uma criança nasce num hospital, pode ser registada no sistema com um nome e são gerados e/ou aprovisionados os seguintes:

0 Bloco de Saúde Génesis (GHB),

0 Armazenamento em nuvem

0 Conjunto de políticas de permissões de partilha

O GHB contém informações como o sexo, o peso e o tipo de sangue do recém-nascido. Outros pormenores poderão ser incorporados em futuras revisões, se tal for considerado necessário. Este bloco constitui a base do registo de saúde longitudinal da criança e todos os outros diagnósticos, prescrições e análises relativos a este novo indivíduo serão ligados a ele. Deste modo, é criado um historial médico completo para o indivíduo. As políticas de partilha criadas durante o registo e armazenadas na base de dados de permissões podem ser revistas de acordo com os interesses da criança ou por decisão dos seus tutores.

Partindo do princípio de que o doente admite que contornar a utilização da conta de dados de saúde é contrário aos seus interesses supremos e que o sistema é utilizado em todos os episódios de cuidados de saúde para registar todas as transacções de pedidos, acesso e gestão de dados, o sistema pode, com um script, gerar uma lista de visitas, receitas médicas e custos das visitas, minimizando ou eliminando assim os seguintes desafios

v Fragmentação dos ficheiros dos doentes,

v Acesso de terceiros não autorizados aos dados dos doentes, v Perda de controlo dos doentes sobre os seus dados médicos, e v Roubo de identidade médica.

O conjunto completo de benefícios inerentes a um sistema que adopte a HDA está para além do âmbito deste trabalho e será investigado no âmbito de trabalhos futuros.

3.12 Atualização da política de permissões

As políticas que regem o acesso e, consequentemente, a partilha são criadas durante o registo. A política (referida como Conjunto de Políticas de Permissões neste trabalho) é determinada e transmitida para a base de dados de Permissões na Camada de Gestão de Dados e Estabelecimento de Políticas até ser actualizada pelo paciente. Para atualizar o conjunto de políticas de autorização, o doente carrega simplesmente uma nova política assinada com a sua chave privada de transação. Quando o Centro de Contratos Inteligentes encontra duas políticas para um indivíduo, verifica a política com o carimbo de data/hora mais recente e invalida a anterior. Começa então a avaliar todos os pedidos de dados subsequentes com base na nova apólice carregada, uma vez que tem o carimbo de data/hora mais atual. O procedimento dá ao doente um meio de revogar" o acesso a dados partilhados anteriormente com outras partes.

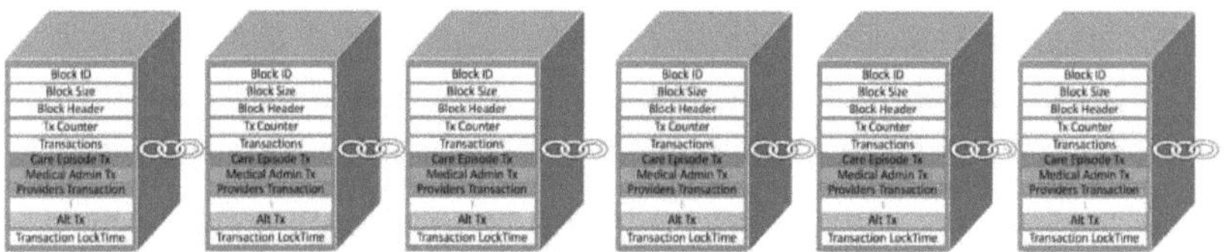

Figura 3-19 A cadeia de blocos HDA do doente

3.13 Acesso dos utilizadores

Prevê-se que todas as funcionalidades descritas em apoio do sistema proposto sejam tornadas acessíveis aos utilizadores através de uma interface de aplicação móvel. A opção de acesso através de uma aplicação móvel é atractiva em várias frentes. Por um lado, a adoção de smartphones continua a crescer de ano para ano e, para além de ajudar as transacções financeiras entre pares, o smartphone é talvez o dispositivo médico mais facilmente disponível fora do hospital. Os doentes podem, por conseguinte, assinalar os detalhes de cuidados que precisam de partilhar. Tal como acontece com a atualização das permissões, a partilha de dados pode ser feita como e quando o doente escolher. Pode haver uma lista das partes com quem a partilha foi concedida e em que estudos os seus dados participaram. Outros utilizadores do sistema podem fazer pedidos de dados através de uma interface semelhante e o doente pode responder em conformidade. A aplicação não é desenvolvida neste trabalho.

3.14 Relatórios

O sistema está inicialmente configurado para gerar três relatórios. Outros podem ser adicionados quando necessário. O primeiro relatório é gerado automaticamente em função das condições de vários parâmetros definidos pelos administradores da cadeia de blocos autorizada. Utilizando contratos inteligentes, o sistema pode ser configurado para gerar relatórios com base em pedidos de dados sobre condições específicas apresentados por investigadores. O terceiro é um relatório de otimização do sistema gerado sobre as operações do sistema e as métricas fornecidas para ajudar os administradores a gerir melhor o sistema. Estes são desenvolvidos na implementação do sistema.

3.15 A nossa contribuição

Os doentes estão a recorrer cada vez mais a plataformas baseadas na Internet para partilharem os seus dados com os médicos, tendo surgido também uma tendência crescente para a partilha de dados entre doentes. Apesar dos benefícios da partilha, existem vários desafios. A partilha elimina o controlo sobre os dados e apresenta riscos graves para a privacidade e, potencialmente, para a reputação das pessoas. A recusa de partilhar os dados também significa que muito pouco valor pode ser obtido a partir dos dados. Estamos assim perante um desafio cuja solução é tudo menos trivial. A nossa contribuição para a resolução deste desafio é, pois, a seguinte:

S Em primeiro lugar, a cadeia de blocos e algumas das suas propriedades são utilizadas para criar um sistema de controlo de acesso eficaz e escalável que, em primeiro lugar, admite utilizadores numa rede e controla o comportamento (dos intervenientes e entidades do sistema) com determinadas chaves criptográficas. Um sistema de responsabilização é incorporado no sistema, ligando as transacções a chaves de adesão e de assinatura de transacções, IDs individuais e institucionais através de processos que permitem a auditoria e facilitam a análise forense. Os carimbos de data e hora registados no sistema dão uma ordem cronológica aos eventos e ajudam nas auditorias.

- Em segundo lugar, introduzimos a Conta de Dados de Saúde. Através da recolha de carimbos de data/hora, identificações e assinaturas das transacções no sistema, é criada uma construção (HDA) que permite a ordem cronológica das transacções dos doentes na prestação de cuidados de saúde.
- Por último, através de contratos inteligentes, facilitamos a investigação ao permitir que os doentes especifiquem quem pode ver os seus dados. As políticas de partilha geradas na inscrição do doente e implementadas como contratos inteligentes permitem ligar os doentes aos investigadores interessados nas suas condições médicas. Pode ser escrito um script para aceder às condições e, assim, verificar os resultados da investigação a partir dos dados da cadeia de blocos.

3.16 Resumo

Este capítulo apresentou as concepções, construções e configuração do sistema para acesso e partilha de dados e acrescentou cenários para elaborar o funcionamento da Conta de Dados de Saúde. Expôs o funcionamento interno dos blocos, as chaves criptográficas e a forma como os actores do sistema interagem entre si para criar, gerir e manter a rede.

Capítulo 4

4.1 Introdução

Desde os tempos dos registos em papel, tanto os médicos como os pacientes reconheceram a importância do acesso e do controlo dos dados. Atualmente, cada vez mais doentes já acedem a vários sítios e serviços das redes sociais para se informarem melhor sobre os pormenores dos cuidados de saúde que recebem. Esta situação exige não só a partilha entre médicos e doentes, mas também, de vez em quando, a partilha entre doentes, o que exerce uma maior pressão sobre as instituições de cuidados de saúde para que disponibilizem os registos de cuidados aos doentes e a outras partes interessadas. Isto tem sido difícil de conseguir devido a questões concomitantes que conseguem insinuar-se no processo. As questões da proveniência, propriedade e gestão dos dados atravessam necessariamente as avenidas da privacidade e da confidencialidade dos doentes. Estas preocupações, frequentemente manifestadas pelos doentes, traduzem-se no bloqueio ativo do acesso aos dados por parte de alguns intervenientes nas redes de prestação de cuidados de saúde. Há casos em que as instituições estão dispostas a partilhar dados, mas os doentes que servem não estão de acordo. O que se segue é uma situação em que os doentes que não confiam no sistema não revelam totalmente as suas condições ao pessoal, o que leva a uma má prestação de cuidados de saúde e a dados ainda mais pobres para a investigação. Assim, reiteramos que, para atingir os objectivos de segurança de qualquer sistema, o controlo de acesso tem de ser eficaz. E ganhar a confiança dos pacientes também!

A salvaguarda dos dados dos doentes assenta em várias técnicas, das quais o controlo do acesso é apenas uma. Uma tecnologia que se supõe frequentemente poder substituir o controlo do acesso a sistemas e dados é a encriptação. O conceito de encriptação é tão antigo como a necessidade de proteger a informação escrita de leitores não autorizados e pode ser uma espécie de controlo de acesso. Nos últimos anos, as melhorias na compreensão matemática e as ferramentas digitais mais rápidas e melhor optimizadas abriram caminho a técnicas e plataformas criptográficas mais eficientes e, consequentemente, a melhores produtos de cifragem. Na verdade, tornou-se uma ciência e uma disciplina por si só, afastando-se do seu objetivo principal de tornar a informação escrita ilegível para destinatários indesejados e fornecendo protocolos para proteger as comunicações entre utilizadores que podem nunca se ter encontrado para chegar a acordo sobre as chaves a utilizar. Um esquema de encriptação pega em mensagens de texto simples e transforma-as em conjuntos confusos de alfabetos, números e caracteres especiais (por vezes não alfanuméricos). Não há falta de esquemas para o conseguir. De cifras de fluxo a cifras de bloco e de esquemas de encriptação de chave pública a esquemas de chave simétrica, existem vários. Já se falou anteriormente da utilização da cifragem como meio de controlo do acesso[85]. Este trabalho não pretende fazê-lo por várias razões. A principal delas é o facto de a cifragem e o controlo de acesso serem duas tecnologias completamente diferentes que se unem para proporcionar segurança.

Enquanto a encriptação está fortemente centrada em proporcionar segurança através do rigor da matemática e dos avanços na teoria dos números, o controlo de acesso não está. O seu foco é a colocação de restrições em objectos por qualquer meio disponível para conceder, impedir ou atrasar o acesso aos objectos desejados, conforme necessário para a segurança dos processos e transacções comerciais. Especialmente no domínio digital, o controlo de acesso é normalmente conseguido através de algum tipo de listas de controlo de acesso. A encriptação é, por si só, um mau método de controlo do acesso. De facto, exigiria necessariamente um ciclo contínuo de cifragem e decifragem para aceder aos ficheiros. No caso dos dados médicos (cuja proteção exigiu este estudo), parece ser uma boa solução, uma vez que o objetivo é manter a privacidade dos dados. No entanto, a necessidade de desencriptar e voltar a desencriptar os dados após a sua utilização (acesso) introduz estrangulamentos de desempenho que não são fáceis de contornar. E, de facto, em situações de emergência, o tempo necessário para a desencriptação pode muito bem significar a diferença entre a vida e a morte do doente. Mais uma vez, o grande número de utilizadores que prevemos para o sistema que defendemos pode ter efeitos adversos no sistema no que diz respeito à gestão de chaves. É por esta e outras razões que, apesar de serem utilizadas técnicas criptográficas na construção das soluções apresentadas neste trabalho, não se recorre à encriptação.

Para fazer face ao desafio da partilha segura de dados médicos e a outros desafios referidos no primeiro capítulo, este trabalho propõe um sistema de controlo de acesso baseado em cadeias de blocos. A solução criada é eficaz e escalável na gestão dos utilizadores do sistema. Através de chaves empregues durante o registo e utilizadas nas transacções, as acções dos utilizadores podem ser monitorizadas e controladas. Isto permite a criação de um mecanismo eficaz para determinar as entidades que podem realizar acções num sistema, tendo em conta determinadas regras. Por defeito, os utilizadores devem ser utilizadores autenticados no grupo, ter as credenciais necessárias e o sistema deve suportar relações dinâmicas complexas entre os requerentes de dados e os utilizadores de dados. Idealmente, o sistema deve ser escalável, eficiente e funcionar mesmo em condições em que as associações e/ou requisitos de segurança estão em constante mudança ou permanecem pouco claros/desconhecidos antes das decisões de gestão do acesso.

Os métodos tradicionais de controlo de acesso realizam as suas tarefas identificando e autorizando os utilizadores a realizar tarefas específicas em cada ambiente. Apesar dos seus êxitos, têm vários inconvenientes que tornam possível a evasão dos controlos e o eventual comprometimento das redes e dos dados. Preocupante é também o facto de os mecanismos tradicionais de controlo de acesso, mesmo os relativamente modernos e flexíveis, como o controlo de acesso baseado em funções, ainda depositarem uma confiança quase incondicional nos administradores de sistemas. Esta situação não é um bom augúrio para a segurança dos sistemas de informação. Este trabalho tenta evitar este desafio com o controlo de acesso através da administração colectiva do acesso a objectos (sistemas e recursos) através da aplicação algorítmica de políticas conhecidas por todos os nós de uma rede peer-to-peer.

4.2 Análise de segurança

Nesta secção, discutimos os riscos de segurança e as implicações do sistema proposto no capítulo anterior. Tendo em conta o valor atribuído aos dados de saúde, evidenciado por ataques de ransomware, pirataria informática e outras violações de nós em redes de TI no sector da saúde, pode inferir-se que a necessidade de um mecanismo de controlo de acesso eficaz é fundamental. Para além de comprometerem as redes e os dados, os ataques incluem, por exemplo, o roubo de identidade e a fragmentação dos registos dos doentes. E, como em todos os sistemas de blockchain, o medo mais fundamental continua a ser o chamado ataque de 51%, em que um nó (ou grupo de nós em conluio) que controla 51% do poder de hashing pode invalidar o mecanismo de consenso utilizado para gerir a rede. No caso do sistema proposto neste livro, isso equivale à capacidade de invalidar as regras de consenso que gerem a rede para permitir o acesso a dados "não partilhados" dos doentes.

4.2.1 Utilizadores maliciosos

Para participar no sistema proposto, um utilizador precisa primeiro da conta HDA, que é o equivalente a uma carteira Bitcoin. As transacções na HDA requerem chaves que devem ser mantidas em segurança. Isto leva-nos a perguntar: As chaves do sistema podem ser comprometidas por um atacante para solicitar dados? Pode assumir-se com segurança que tal ocorrência não pode ter lugar e, no caso improvável de acontecer, o pedido será rejeitado pelos nós de consenso. Isto é facilmente conseguido para os atacantes que estão fora da rede, uma vez que os pedidos de dados não assinados por nós ou utilizadores válidos da rede são simplesmente descartados. A questão mais importante agora é saber como um atacante fora da rede pode aceder aos dados, ou seja, "Pode um atacante U^{-1} i tornar-se membro do grupo autorizado *PG {N0, N1, N2, . . ., Nn}* sem ser detectado?" Mais uma vez, consideramos seguro assumir que este cenário tem uma probabilidade de ocorrência muito baixa, tendo em conta a configuração utilizada no sistema. A rede é uma blockchain com permissões que é apenas por convite, na qual as IDs e assinaturas dos utilizadores permitem transacções apenas com base em conjuntos de políticas de permissões baseadas em contratos inteligentes. Um atacante teria de forjar várias chaves para vencer o Emissor e o Verificador e editar o conjunto de políticas de permissões dos pacientes-alvo no centro de Contratos Inteligentes para efetuar um pedido de dados. Se concordarmos que o sistema pode impedir esta sequência de eventos, então é seguro contra tais ataques.

Além disso, o sistema de controlo de acesso proposto considera o conceito de uma equipa de cuidados e os respectivos privilégios de acesso. Por exemplo, se a identificação e a assinatura de um enfermeiro não constarem do conjunto de políticas de permissões de um doente, este não recebe respostas aos pedidos do sistema. Em caso de receção bem sucedida da resposta aos pedidos, é mantido um registo da transação nos blocos de pacientes na cadeia de blocos, com as partes envolvidas na transação devidamente reconhecidas, o que pode ser posteriormente auditado.

4.2.2 Análise do sistema e resultados

Com base nos métodos acima descritos, é possível obter muitas informações interessantes e úteis sobre a utilização do sistema proposto e o fluxo das transacções. Apresenta-se de seguida um resumo.

O trabalho centra-se nas transacções com dados entre entidades de interesse na rede, com partes específicas da HDA dedicadas às entidades principais. A estrutura de dados HDA permite acompanhar os dados nas transacções e, quando aplicável, revelar padrões que podem ser analisados em benefício do doente ou do requerente de dados, quando permitido. A maior vantagem da cadeia de blocos é a sua natureza criptograficamente segura e orientada para as transacções. Como tal, um sistema baseado nela herda a capacidade de rastrear alterações (transacções) nos dados. Para o doente, bem como para outros intervenientes no processo contínuo de prestação de cuidados de saúde, isto é benéfico a vários níveis: existe a garantia de que os dados estão suficientemente protegidos contra o acesso não autorizado e, por conseguinte, são seguros, com a vantagem adicional de apresentar ao doente uma visão unificada do seu historial médico completo.

A blockchain com permissões proposta aqui é um metarecord, cujos dados todos os participantes da rede podem depender para verificação. À medida que mais utilizadores se inscrevem e os nós de uma rede aumentam, o desempenho pode tornar-se um estrangulamento para a escalabilidade de toda a rede. Isso é evitado no sistema proposto, uma vez que se trata de uma cadeia de blocos privada autorizada e não requer prova de trabalho (a lotaria de hashing de computação intensiva que permite o consenso sem confiança na rede Bitcoin). Consequentemente, é possível argumentar de forma convincente que a latência de transmissão de novos blocos para a rede de cadeias de blocos será negligenciável, dando origem a um elevado rendimento, e que a rede será também eficiente em termos energéticos, com baixos custos de funcionamento, o que constitui um incentivo à participação contínua e à sustentação da rede pelos seus actores.

É fundamental que um sistema proposto seja objeto de uma análise exaustiva do seu desempenho e fiabilidade, pelo que estes são apresentados em seguida. No entanto, trata-se apenas de aproximações, uma vez que é muito difícil fazer deduções seguras sobre os sistemas de controlo de acesso. Não existe ainda um sistema de avaliação globalmente aceite para a análise objetiva dos sistemas de controlo de acesso[6]. Assim, neste trabalho, são utilizadas aproximações para estimar e substituir métricas como o tempo decorrido desde a receção dos pedidos até à sua concessão, a escalabilidade do sistema proposto e a sua eficiência.

Abaixo são apresentados dados obtidos em experiências que assumem que todos os participantes na rede têm uma ligação de 100MB/s e que cada um fornece pelo menos um nó para executar o sistema. É feita uma comparação do tempo necessário para que determinados tamanhos de bloco sejam propagados pela rede. Os resultados mostram que a rede blockchain é eficiente neste aspeto.

Tabela 4-1 Custo de tempo para 1000 nós receberem um bloco

Rede Cliente-Servidor			**Rede Blockchain**	
Tamanho do bloco (KB)	Custo (tempo em segundos)		Tamanho do bloco (KB)	Custo (tempo em segundos)
1000	9.77		1000	0.039
500	4.88		500	0.02
100	0.977		100	0.0039

24	0.234		24	0.00094

Tabela 4-2 Comparação dos custos de desempenho para 1000 nós

Custo de rede cliente-servidor	**Custo da rede Blockchain**	**Desempenho**
9.77	0.039	0.3992%
4.88	0.020	0.4098%
0.977	0.0039	0.3992%
0.234	0.00094	0.4017%

Tabela 4-3 Custo de tempo para 2000 nós receberem um bloco

Rede Cliente-Servidor			Rede Blockchain	
Tamanho do bloco (KB)	Custo (tempo em segundos)		Tamanho do bloco (KB)	Custo (tempo em segundos)
1000	19.54		1000	0.039
500	9.76		500	0.02
100	1.954		100	0.0039
24	0.468		24	0.00094

Tabela 4-4 Comparação dos custos de desempenho para 2000 nós

Custo de rede cliente-servidor	**Custo da rede Blockchain**	**Desempenho**

19.54	0.039	0.1996%
9.76	0.020	0.2049%
1.954	0.0039	0.1996%
0.468	0.00094	0.2009%

Tabela 4-5 Custo de tempo para 10000 nós receberem um nó

Rede Cliente-Servidor			Rede Blockchain	
Tamanho do bloco (KB)	Custo (tempo em segundos)		Tamanho do bloco (KB)	Custo (tempo em segundos)
1000	97.7		1000	0.0488
500	48.8		500	0.0244
100	9.77		100	0.00488
24	2.34		24	0.00117

Quadro 4-6 Comparação dos custos de desempenho para 10000

Custo de rede cliente-servidor	**Custo da rede Blockchain**	**Desempenho**
97.7	0.0488	0.0499%

48.8	0.0244	0.0500%
9.77	0.00488	0.0499%
2.34	0.00117	0.0500%

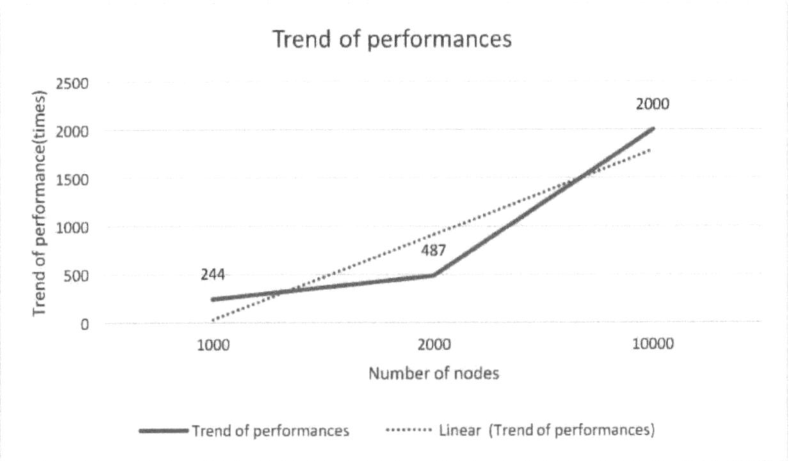

Figura 4-1 Gráfico do desempenho do sistema com até 10.000 nós

Do que precede, pode inferir-se que a transferência de dados no sistema baseado em cadeias de blocos é mais eficiente em comparação com as transferências de dados num ambiente puramente cliente-servidor. O sistema é escalável e pode acomodar aumentos no tamanho dos blocos, se necessário, numa data futura.

4.3 Vantagens do sistema

Os mecanismos tradicionais de controlo de acesso desempenham as suas funções identificando e autorizando os utilizadores a realizar tarefas específicas em cada ambiente. Apesar dos seus sucessos, têm tido inconvenientes que permitem contornar os controlos e eventualmente comprometer as redes e os dados. A solução apresentada neste trabalho de investigação tem as seguintes vantagens para um ambiente controlado:

ü **Controlo de adesão**: O sistema de controlo de acesso aqui proposto tem como premissa uma blockchain privada com permissões. Ao criar um processo que exige que os participantes sejam "convidados" para a rede, o sistema controla a adesão e, por extensão, os participantes da rede.

ü **Controlo do acesso**: Depois de um membro ter aderido com sucesso à rede blockchain autorizada, existem outros controlos para verificar as suas acções. Só depois de concluídas as etapas de emissão e verificação da adesão é que o novo membro pode criar as chaves de transação necessárias para realizar acções na rede. O acesso à HDA só é concedido após a avaliação do conjunto de políticas de permissões associadas.

ü **Monitorizar o comportamento**: O sistema implementa construções do tipo "mantrap". Isto permite que os utilizadores sejam convidados a entrar na rede, mas não permite a realização de acções até que sejam geradas chaves de transação. As transacções são monitorizadas e as violações são registadas para efeitos de auditoria. Sempre que necessário, os utilizadores podem ser impedidos de realizar acções no sistema, embora permaneçam na rede.

ü **Desempenho**: Assumindo que não existem circunstâncias extraordinárias, o desempenho da rede blockchain é eficiente e escalável. Há pouco ou nenhum desperdício de ciclos de computação à medida que os nós de processamento recebem pedidos e os atendem de acordo com a política.

ü **Governação**: O sistema tem uma administração claramente definida, uma vez que é uma blockchain com permissões. Todos os nós da rede têm uma medida de confiança: as chaves de emissão, verificação e transação dos membros servem como instrumentos para criar e manter a confiança nas operações da rede. Nos casos em que a supervisão regulamentar exige que determinadas transacções sejam investigadas, os administradores do sistema podem cooperar com os titulares de contas HDA para permitir a resolução. A cooperação é necessária, uma vez que as contas HDA são inerentemente controladas pelo proprietário através de conjuntos de políticas de permissão e a rede de cadeia de blocos é autorizada e, por conseguinte, exige a admissão supervisionada pelos seus administradores.

ü Relação **custo-eficácia**: Os benefícios da infraestrutura das tecnologias da saúde revertem a favor dos doentes, enquanto os seus custos (de desenvolvimento, instalação e manutenção) recaem normalmente sobre os prestadores e as instituições de cuidados de saúde. As transacções na nossa rede são fechadas, regulamentadas e, por conseguinte, requerem menos nós para o seu processamento do que na rede aberta.

blockchains. Isto leva a uma redução global dos custos de funcionamento da rede.

S **Partilha de dados**: Utilizando políticas de partilha implementadas por contratos inteligentes, o doente pode partilhar detalhes ou aspectos dos episódios de cuidados com profissionais de saúde e outros doentes ou investigadores. Esta autorização pode ser revogada a qualquer momento, por decisão do doente, mediante a revisão da política de partilha.

S **Segurança**: Um dos objectivos desta investigação consistia em integrar a proteção dos dados no sistema a desenvolver. Ao dispormos da HDA, que permite a todos os prestadores de cuidados de saúde contínuos (instituições, intervenientes, etc.) enviar registos de doentes para um repositório acessível apenas através de permissões verificáveis na cadeia de blocos, criamos uma construção suficientemente protegida para os dados dos doentes.

S **Eliminar a fragmentação dos registos**: Muitas vezes, a fragmentação dos registos dos doentes ocorre devido à mobilidade de um prestador para outro ou para um domínio diferente, onde existem desafios de interoperabilidade. No sistema que apresentamos neste livro, é atribuída ao doente uma identificação única (ligada ao seu armazenamento pessoal) que deve ser apresentada nos estabelecimentos de cuidados de saúde para receber os registos dos cuidados. Desta forma, os detalhes de cada visita são registados num único local e estão disponíveis a pedido através das políticas de permissões dos doentes.

S **Prescrições/Drogas**: Os erros com medicamentos sujeitos a receita médica causam vários problemas e alguns podem ser fatais. O sistema oferece uma medida de proteção aos doentes contra esta situação. Ao disporem de todos os registos de episódios de cuidados num único local, os médicos estão mais bem informados sobre os medicamentos que os doentes tomaram e sobre o(s) efeito(s) que as potenciais interacções de novos medicamentos terão sobre as doenças comunicadas/observadas.

S **Propriedade dos dados**: Um dos desafios à prestação de cuidados de saúde tem sido o acesso dos doentes aos seus próprios registos médicos. O sistema aborda esta questão colocando o doente a cargo dos seus registos, uma vez que os apresenta (através da sua cadeia de identificação única no sistema) a outros, mediante pedido.

S **Roubo de identidade médica**: Este fenómeno ocorre sobretudo nos Estados Unidos, quando os autores de fraudes roubam informações pessoais, como os números da Segurança Social e as identificações do Medicare, e as utilizam para obter cuidados de saúde, medicamentos e apresentar as despesas efectuadas às autoridades de pagamento em nome da vítima. O sistema que apresentamos neste livro procura ultrapassar esta situação, empregando o conceito de equipa de cuidados (utilizando o modelo de cuidados ao doente baseado em equipas) e codificando a equipa de cuidados do doente no conjunto de políticas de permissões. Qualquer pedido de cuidados que não seja assinado pelo médico de cuidados primários do doente ou pelo centro de cuidados primários pode acionar um alerta. Por conseguinte, deve ser suficientemente difícil para um atacante obter acesso à rede e editar o conjunto de políticas de permissões para incluir as suas credenciais, de modo a permitir-lhe cometer fraudes desta natureza.

J **Reguladores**: Prevê-se que o sistema utilize uma cadeia de blocos autorizada que será administrada por uma entidade como um governo. O sistema, ao ter o custo efetivo dos cuidados de saúde nos dados dos doentes, dará aos reguladores e às autoridades de supervisão melhores informações sobre o custo dos cuidados de saúde, uma componente fundamental a considerar na gestão da saúde da população. Podem também solicitar relatórios do sistema para facilitar a investigação de aspectos do sistema com vista à sua otimização ou à descoberta de tendências na população em estudo.

4.4 Comparação com outros modelos

O sistema aqui proposto abstrai as melhores qualidades das actuais tecnologias de controlo de acesso. Permite um acesso refinado aos recursos, tal como especificado pelo seu proprietário (o doente). Tem a vantagem extra de funcionar numa rede que tem todos os participantes como intervenientes e, por isso, pode incorporar aspectos das abordagens tradicionais de controlo de acesso sem necessariamente absorver os seus inconvenientes.

Como vantagem adicional, podem ser integradas no sistema regras de acesso conformes com os regulamentos do sector da saúde, como o HIPAA (Health Information Portability and Accountability Act) e o HITECH[86]. Isto imita os atributos consistentes com os mecanismos de controlo de acesso obrigatório que são determinados pelo sistema e baseados em políticas. No entanto, devido à sua arquitetura, o sistema elimina a inflexibilidade associada ao MAC, mantendo simultaneamente as suas fortes características de segurança a vários níveis.

Tabela 4-7 Comparação dos métodos de controlo de acesso

Acesso Controlo	Baseado em políticas	Estabilidade	Granularidade	Flexibilidade	Problemas de segurança conhecidos
MAC	Sim	Sim	Sim	Não	n/a
DAC	Sim	Não	Sim	Sim	O malware pode alterar as políticas
ABAC	Sim	Possível	Sim	Sim	n/a
RBAC	Não	Possível	Sim	Não	Não é possível alterar as permissões sem afetar as funções

HBAC	Sim	Possível	Não	Não	Pode vazar informações confidenciais informação
IBAC	Sim	Não	Não	Não	n/a
BBAC	**Sim**	**Sim**	**Sim**	**Sim**	**n/a**

O objetivo deste livro, em termos simples, é propor um mecanismo seguro baseado em cadeias de blocos para acesso e controlo de dados. Isto é conseguido através de um esquema de partilha de dados em cadeia de blocos e de uma conta de dados de saúde. O esquema de partilha de dados aborda a questão do acesso aos dados de uma forma segura, eficiente e comprovadamente escalável, ao passo que a HDA apresenta uma conta (um repositório de dados) para o armazenamento de registos de episódios de cuidados de saúde apenas anexados. O sistema foi concebido tendo como principais motivações a proteção dos dados, o restabelecimento da agência do doente e o controlo do acesso, bem como o fornecimento de dados de elevada qualidade para investigação.

4.5 Desvantagens do sistema

O sistema tem alguns desafios que têm de ser ultrapassados a longo prazo para o tornar completamente seguro e proporcionar cuidados de saúde protegidos e descentralizados, com acesso seguro e controlo dos dados dos doentes, o que atualmente é tudo menos o status quo.

1. O controlo de acesso baseado na cadeia de blocos insinua-se entre os intervenientes na rede e a plataforma de armazenamento e visa controlar o acesso ao armazenamento. No entanto, quando os dados chegam ao armazenamento, o sistema não tem qualquer controlo sobre eles, ou seja, o sistema não controla os dados em repouso na plataforma de armazenamento. Os administradores da referida plataforma encarregam-se da segurança do seu ambiente. Para o nosso sistema, tendo em conta o volume potencial de dados a gerar, é preferível o armazenamento na nuvem. Isto é aceitável por enquanto, uma vez que a maioria dos dados médicos é armazenada em linha, de uma forma ou de outra. Isto tem o potencial de nos levar de volta aos desafios clássicos da recuperação de dados, considerações de largura de banda e a "honestidade" do fornecedor de serviços na nuvem. Mesmo os fornecedores "honestos mas curiosos" podem representar um grave risco para os dados, à medida que se progride no desenvolvimento de técnicas de cifragem pesquisáveis mais potentes e na computação de dados cifrados.

2. A investigação não aborda todos os pormenores da identificação dos utilizadores no sistema. Parte-se do princípio de que a identificação dos utilizadores é feita de forma segura e eficaz.
3. O sistema não tem em conta as situações em que os hospitais ou outras instituições de saúde podem ser obrigados a manter cópias de determinados registos devido ao cumprimento de quadros de TI no domínio da saúde já existentes. Basta dizer que as suas plataformas de armazenamento interno, uma vez integradas no sistema proposto, podem ser monitorizadas de forma a garantir a privacidade da informação dos doentes.
4. A questão de saber onde se deve traçar a linha com a análise do médico que leva à criação de factos, registos e outros itens semelhantes considerados propriedade intelectual requer um estudo mais aprofundado para ser resolvida na íntegra. Tanto o médico como o doente contribuem (conhecimentos do médico e historial médico do doente) para garantir o êxito da prestação de cuidados de saúde. Por conseguinte, é necessário um modelo para determinar a forma de quantificar as contribuições de ambas as partes.
5. O sistema proposto não está atualmente desenvolvido e, por conseguinte, não foi testado. Não pode determinar o conjunto de competências dos possíveis atacantes empenhados em invadir ou contornar a segurança do sistema. A sua segurança baseia-se na fiabilidade dos protocolos e técnicas criptográficas testados que lhe estão subjacentes.

4.6 Conclusão

Neste capítulo, discutimos o sistema proposto e a sua comparação com os mecanismos de controlo de acesso existentes. Abordámos alguns dos benefícios que potencialmente proporciona e delineámos alguns dos desafios da sua implementação.

Observações finais

O principal objetivo deste trabalho foi desenvolver um sistema baseado em cadeias de blocos para controlar o acesso e permitir o controlo de dados em redes de dados médicos. O sistema proposto baseia-se na cadeia de blocos privada com permissões e concede várias vantagens aos participantes na rede. O beneficiário final é o doente, que passa a ter controlo sobre os seus dados e pode, assim, partilhá-los com quem quiser. Através da cadeia de blocos e dos contratos inteligentes, o doente pode administrar a sua conta de uma forma cómoda. Todas as técnicas e mecanismos discutidos culminam na Conta de Dados de Saúde, uma implementação inovadora que permite ao paciente armazenar todas as transacções relativas à sua saúde num único local. Os dados são contíguos, com registo de data e hora, cronológicos e facilitam o diagnóstico e a investigação por parte dos prestadores de cuidados de saúde e das instituições de investigação, respetivamente.

A cadeia de blocos foi escolhida como infraestrutura subjacente devido às muitas vantagens que apresenta. É descentralizada e, por isso, facilita a participação dos utilizadores numa rede peer to peer mutuamente benéfica para todas as partes. A utilização de carimbos de data e hora e o registo de actividades permitem acompanhar as alterações e, por conseguinte, facilitar convenientemente a auditoria. Esta investigação optou por utilizar a cadeia de blocos privada autorizada para que alguma autoridade administre e audite as actividades da rede. Acreditamos que isto é necessário para ter resoluções rápidas para quaisquer problemas que possam surgir devido talvez a interacções não intencionais na rede.

As análises do sistema revelam que é eficiente, escalável e que pode dar resposta aos desafios declarados que as redes de TI da saúde enfrentam atualmente. Se for corretamente implementado, este sistema pode facilitar a partilha de dados, devolver ao doente a sua legítima posição de proprietário dos seus dados de saúde, evitar a fragmentação dos registos dos doentes provocada pela mobilidade e pela migração e ajudar a investigação no domínio da saúde pública.

Trabalho futuro

A cadeia de blocos é facilmente a tecnologia de infraestrutura de software mais extensível e mais maleável atualmente disponível para os programadores e investigadores e qualquer sistema construído sobre ela herda estes atributos. Prevê-se que a TI no sector da saúde seja um dos sectores que receberá uma transformação completa nos próximos anos devido à cadeia de blocos. Ao mesmo tempo, mantém a atenção pouco invejável dos cibercriminosos de todo o mundo devido ao enorme valor dos dados pessoais que detém. De facto, os observadores do sector previram mais ataques para os próximos anos. Por conseguinte, é fundamental que os investigadores utilizem todas as competências à nossa disposição para criar sistemas capazes de contrariar a investida dos atacantes.

Num futuro próximo, o sistema aqui proposto será desenvolvido para proporcionar todos os benefícios previstos, não só aos doentes, mas a todos os participantes na rede. De interesse para os autores será o acoplamento de criptomoedas como a Bitcoin e a Conta de Dados de Saúde e os modelos de cuidados de saúde que podem emergir deste emparelhamento. Mais uma vez, gostaríamos de investigar de que forma o nosso sistema terá impacto nas populações, fornecendo simultaneamente dados ricos para a comunidade de investigação. Será interessante realizar uma análise aprofundada do nosso sistema para determinar de que forma facilita a investigação em saúde pública com dados de elevada qualidade e resolve alguns dos desafios que prevalecem atualmente nas redes de dados de saúde, especialmente a resolução óptima do sistema de confiança quebrado da prestação de cuidados de saúde.

Também como parte do trabalho futuro, será realizado um estudo comparativo sobre a participação de pacientes em estudos clínicos após a garantia de privacidade e segurança apoiada por cadeias de blocos, melhorias na qualidade dos dados de investigação e na qualidade do diagnóstico e subsequentes tratamentos administrados. Estes estudos fornecerão o tão necessário feedback dos participantes na rede, sobre as interacções e o desempenho real, para melhor otimizar o sistema.

O futuro para o qual nos dirigimos e que tentamos viabilizar com a nossa investigação é um futuro em que cada doente tem acesso aos seus dados de saúde e é livre de os partilhar com quem quiser. O acesso seguro e a disponibilidade dos dados são apenas o começo. Com os dados, tudo é possível. Prevemos um futuro em que algoritmos altamente optimizados em dados individuais, em conjunto com contratos inteligentes, possam ser postos a funcionar e possam eventualmente prestar serviços em vez de médicos humanos. Com os dados disponíveis e as técnicas de aprendizagem profunda a melhorarem de dia para dia, o céu é o limite para as possibilidades que podem ser desbloqueadas com a combinação da cadeia de blocos e de outras tecnologias horizontais.

Há anos que os investigadores reiteram que o sector da saúde necessita urgentemente de inovação. Com a tecnologia blockchain e os contratos inteligentes, acreditamos que o seu apelo foi respondido. Com este livro, esperamos contribuir com os nossos conhecimentos e experiência para o processo de concretização de inovações e de um ou dois paradigmas que contribuam para tornar os cuidados de saúde melhores do que no passado.

Agradecimentos

Esta investigação obrigou-nos a procurar conhecimentos muito profundos e a ligarmo-nos a mentes muito mais competentes do que a nossa para obtermos conhecimentos e análises e, no processo, gerou um maior apreço pela comunidade académica e pela sua tentativa de fazer avançar o mundo, uma descoberta de cada vez. Passámos longas horas a investigar várias ideias e escolas de pensamento que abrangem a informática e os cuidados de saúde. Também contámos com um enorme apoio de colegas e familiares e queremos agradecer-lhes as suas correcções, contribuições e críticas construtivas, a profundidade dos seus conhecimentos, a honestidade, o cuidado, o apoio, o encorajamento, a paciência e toda a orientação esclarecedora sobre a fusão da academia e da indústria.

Merecem uma menção especial Smahi Abla, Emmanuel Sifah Boateng, Yao Mingxuan, Zeyi Deng, Maame Gyamfua Asante-Mensah, Enoch Adjei Frimpong, Brighter Agyemang e os membros do Laboratório de Investigação de Grandes Dados da Universidade de Ciência e Tecnologia Electrónicas da China pelo seu apoio.

Referências

T. S. Teixeira, "The Rising Cost of Consumer Attention: Why You Should Care, and What You Can Do about It", 2014.

H. D. Baker, E. Robson e G. Zólyomi, *Gatekeepers and Lock masters*. 2010.

J. López, A. Maña, E. Pimentel, J. M. Troya, e M. I. Yagüe, "Infraestrutura de controlo de acesso para objectos digitais".

M. Abadi, "Lógica no controlo de acesso".

P. A. Loscocco, S. D. Smalley, P. A. Muckelbauer, R. C. Taylor, S. J. Turner e J. F. Farrell, "The Inevitability of Failure: The Flawed Assumption of Security in Modern Computing Environments".

V. C. Hu e K. Scarfone, "Guidelines for Access Control System Evaluation Metrics", p. 49, 2012.

H. F. Tipton, "Official (ISC)2 Guide to the CISSP CBK, Second Edition." p. 939, 2009.

Alessandro Acquisti, Allan Friedman e Rahul Telang, "Is there a cost to Privacy Breaches? An Event Study".

C. Han e R. Dongre, "Q&A. O que motiva os ciber-atacantes?", *Technol. Innov. Manag. Rev.*, vol. 4, no. 10, 2014.

Risk Based Security, "A Breakdown and Analysis of the December, 2014 Sony Hack." [Online].
Disponível: https://www.riskbasedsecurity.com/2014/12/a-breakdown-and-analysis-of-the-december-2014-sony-hack/. [Acedido em: 24-Mar-2017].

G. Sanchez e R. Carbone, "Case Study: Critical Controls that Sony Should Have Implemented", *SANS GIAC*, 2014.

P. C. Anderson, "Cyber Attack Exception to the Foreign Sovereign Immunities Act", no. dezembro de
2013, pp. 1087-1114, 2017.

T. A. Mattei, "Privacy, Confidentiality, and Security of Health Care Information: Lessons from the Recent WannaCry Cyberattack" (Lições do recente ciberataque WannaCry).

M. Rachel Clarke, M.D., Taryn Youngstein, "Cyberattack on Britain's National Health Service - A Wake-up Call for Modern Medicine", *N. Engl. J. Med.*, 2017.

Z. A. Shaikh e F. Ahmed, "Disarming firewall," in *2010 International Conference on Information and Emerging Technologies, ICIET 2010*, 2010, pp. 1-6.

Systech - Digital Forensics Blog, "Word Cloud - Top 1000 most commonly used passwords." [Online]. Disponível: http://sytech-consultants.com/current-word-cloud-of-the-top-1000-most-
commonly-used-passwords/. [Acedido em: 24-Mar-2017].

M. (Matthew A. . Bishop, *Computer security : art and science*. Addison-Wesley, 2003.

A. A. Control, "Access Control", *Access*. pp. 89-97.

V. C. Hu *et al.*, "Guide to attribute based access control (abac) definition and considerations", *NIST Spec. Publ.*, vol. 800, p. 162, 2014.

"Controlo de Acesso Obrigatório".

M. Bugliesi, D. Colazzo e S. Crafa, "Controlo de acesso discricionário baseado no tipo".

R. Ausanka-Crues, "Methods for access control: Advances and limitations," *Harvey Mudd Coll.*, pp. 1-5, 2001.

X. Jin, R. Krishnan, e R. Sandhu, "A Unified Attribute-Based Access Control Model Covering DAC, MAC and RBAC," Springer, Berlin, Heidelberg, 2012, pp. 41-55.

D. R. K. David F. Ferralio, "Role-Based Access Controls".

A. Banerjee e D. A. Naumann, "History-Based Access Control and Secure Information Flow," in *Proceedings of the 2004 international conference on Construction and Analysis of Safe, Secure, and Interoperable Smart Devices*, Springer-Verlag, 2005, pp. 27-48.

T. Role, F. Institutions, e B. D. Identity, "A Blueprint for Digital Identity", no. agosto, 2016.

Axiomatics, "Attribute Based Access Control". [Online]. Disponível:
https://www.axiomatics.com/attribute-based-access-control.html. [Acedido: 25-Mar-2017].

S. Nakamoto, "Bitcoin: A Peer-to-Peer Electronic Cash System," *Www.Bitcoin.Org*, p. 9, 2008.

S. Taylor, "Blockchain : Understanding the potential", p. 5, 2015.

M. Swan, *Blockchain*. 2015.

I. Eyal, A. E. Gencer, E. G. Sirer, e R. van Renesse, "Bitcoin-NG: A Scalable Blockchain Protocol," *13th USENIX Symp. Networked Syst. Des. Implement. (NSDI 16)*, pp. 45-59, 2016.
C. K. Elwell, M. M. Murphy, e M. V Seitzinger, "Bitcoin : Questions , Answers , and Analysis of Legal Issues," p. 20, 2013.
S. Peng, "BITCOIN : Cryptography , Economics , and the Future," 2013.
C. Decker e R. Wattenhofer, "Information propagation in the Bitcoin network," *13th IEEE Int. Conf. Peer-to-Peer Comput. IEEE P2P 2013 - Proc.*, 2013.
J. Bonneau, A. Miller, J. Clark, A. Narayanan, J. A. Kroll e E. W. Felten, "SoK: Research perspectives and challenges for bitcoin and cryptocurrencies," *Proc. - IEEE Symp. Secur. Priv.*, vol. 2015-julho, pp. 104-121, 2015.
G. Richards e R. Palmer, "Consensus: Immutable agreement for the Internet of value", *Eventful Cities*, pp. xi-xii, 2010.
S. Barber, X. Boyen, E. Shi, e E. Uzun, "Bitter to Better-How to Make Bitcoin a Better Currency", *Financ. Cryptogr. Data Secur.*, pp. 399-414, 2012.
S. Underwood, "Blockchain beyond bitcoin," *Commun. ACM*, vol. 59, n.º 11, pp. 15-17, Out. 2016.
StackExchange, "Blockchain - Explicações sobre o encadeamento de transacções - Bitcoin Stack
Intercâmbio". [Online]. Disponível:
https://bitcoin.stackexchange.com/questions/10279/explainations- about-chaining-of-transactions. [Acedido em: 17-maio-2017].
W. Paper, "Digital Assets on Public Blockchains," vol. 2016, pp. 1-37, 2016.
B. Yuan, W. Lin e C. Mcdonnell, "Blockchains e registos de saúde electrónicos".
A. Ekblaw, A. Azaria, J. D. Halamka, A. Lippman, I. Original, e T. Vieira, "A Case Study for Blockchain in Healthcare: ' MedRec ' prototype for electronic health records and medical research data MedRec: Using Blockchain for Medical Data Access and Permission Management", pp. 1-13, 2016.
E. Slade, H. Drysdale, e B. Goldacre, "Discrepancies Between Prespecified and Reported Outcomes," *Ann. Intern. Med.*, vol. 164, no. 5, p. 374, Mar. 2016.
G. Irving e J. Holden, "How blockchain-timestamped protocols could improve the trustworthiness of medical science," *F1000Research*, vol. 5, p. 222, maio de 2016.
Chris M. Skinner, "#Blockchain? É complicado - blogue de Chris Skinner". [Online]. Disponível: https://thefinanser.com/2016/03/three-pictures-that-explain-blockchain-its-complicated.html/. [Acedido em: 18-maio-2017].
N. Yaraghi, T. Innovation, A. May, H. Services, and C. Rights, "Hackers , phishers , and disappearing thumb drives : Lessons learned from major health care data breaches," no. maio, pp. 1-28, 2016.
L. Beard, R. Schein, D. Morra, K. Wilson, e J. Keelan, "The challenges in making electronic health records accessible to patients.", *J. Am. Med. Inform. Assoc.*, vol. 19, no. 1, pp. 116-20, 2012.
M. Swan e Melanie, "Health 2050: The Realization of Personalized Medicine through Crowdsourcing, the Quantified Self, and the Participatory Biocitizen", *J. Pers. Med.*, vol. 2, no. 4, pp. 93-118, set. 2012.
L. J. Trautman, "Is Disruptive Blockchain Technology the Future of Financial Services?", Consum. *Financ. Law Q. Rep.*, vol. forthcomin, pp. 232-242, 2016.
M. Barcena, C. Wueest, e H. Lau, "How safe is your quantified self?", *Symantec*, pp. 1-38, 2014.
Marco van Leewen, "World of Wearables - bananagun". [Online]. Disponível: http://www.bananagun.nl/?p=706. [Acedido em: 18-maio-2017].
M. Swan, "Sensor Mania! The Internet of Things, Wearable Computing, Objective Metrics, and the Quantified Self 2.0", *J. Sens. Actuator Networks*, vol. 1, no. 3, pp. 217-253, 2012.
M. Swan e Melanie, "Emerging Patient-Driven Health Care Models: An Examination of Health Social Networks, Consumer Personalized Medicine and Quantified Self-Tracking", *Int. J. Environ. Res. Public Health*, vol. 6, n.º 2, pp. 492-525, Fev. 2009.
Symantec, "Security and Privacy for Healthcare Providers," 2009.
G. Irving, J. Holden, G. Irving e J. Holden, "How blockchain-timestamped protocols could improve the trustworthiness of medical science," *F1000Research*, vol. 5, p. 222, Feb. 2016.

J. Melorose, R. Perroy e S. Careas, "Blockchain e o seu papel emergente nos cuidados de saúde e na investigação relacionada com a saúde", *Statew. Agric. L. Use Baseline 2015*, vol. 1, n.º 111, 2015.
"blockchain - Explicações sobre encadeamento de transações - Bitcoin Stack Exchange." [Online]. Disponível: https://bitcoin.stackexchange.com/questions/10279/explainations-about-chaining-of-
transacções. [Acedido em: 18-May-2017].
F. Tschorsch e B. Scheuermann, "Bitcoin and Beyond : A Technical Survey on Decentralized Digital Currencies," *Cryptol. ePrint Arch. Rep. 2015/464*, vol. PP, n.º 99, pp. 1-1, 2015.
G. Zyskind, O. Nathan e A. Pentland, "Enigma: Plataforma de computação descentralizada com privacidade garantida", *arXiv1506.03471 [cs]*, pp. 1-14, 2015.
A. Ben-David, N. Nisan, e B. Pinkas, "FairplayMP - A System for Secure Multi-Party Computation".
Nick Szabo, "Unenumerated: The dawn of trustworthy computing", 2014. [Online]. Disponível: http://unenumerated.blogspot.tw/2014/12/the-dawn-of-trustworthy-computing.html?m=1. [Acedido em: 28-Mar-2017].
A. Poon e Q. Hamid, "Personalized medicine for asthma: Are we there yet?", *Ann. Thorac. Med.*, vol. 7, no. 2, p. 55, 2012.
M. Swan, "Scaling crowdsourced health studies: the emergence of a new form of contract research organization," *Per. Med.*, vol. 9, no. 2, pp. 223-234, Mar. 2012.
Y. A. De Montjoye, E. Shmueli, S. S. Wang, e A. S. Pentland, "OpenPDS: Protecting the privacy of metadata through SafeAnswers," *PLoS One*, vol. 9, no. 7, 2014.
D. da Saúde, Serviços de Saúde, e O. do Coordenador Nacional para a Tecnologia da Informação em Saúde, "RELATÓRIO AO CONGRESSO, ABRIL DE 2015 - Relatório sobre o Bloqueio de Informação em Saúde".
Gabinete do Coordenador Nacional do Departamento de Saúde e Serviços Humanos, "Health Design Challenge: The Patient Record," 2013. [Online]. Disponível: http://healthdesignchallenge.com/. [Acedido: 29-Mar-2017].
"Finding a Cure for Medical Identity Theft", no. outubro, 2014.
A. Eset, W. Paper, e S. Cobb, "Data privacy and data protection : US law and legislation".
X. Yue, H. Wang, D. Jin, M. Li e W. Jiang, "Healthcare Data Gateways: Found Healthcare Intelligence on Blockchain with Novel Privacy Risk Control.", *J. Med. Syst.*, vol. 40, no. 10, p. 218, 2016.
J. S. Shapiro *et al.*, "Health Information Exchange," 2014.
D. Ivan, "Moving Toward a Blockchain-based Method for the Secure Storage of Patient Records", *NIST Work. Blockchain Healthc.*, no. agosto, p. 11, 2016.
"Tornar o acesso dos doentes aos registos de saúde electrónicos uma realidade". [Online]. Disponível: https://www.healthit.gov/buzz-blog/consumer/making-patient-access-health-information-reality/. [Acedido: 01-Abr-2017].
"O valor das normas na distribuição de conteúdos electrónicos: Reflexões sobre a adoção de normas NISO".
A. Shamir e A. Shamir, "How To Share a Secret", *Commun. ACM*, vol. 22, no. 1, pp. 612-613, 1979.
M. Andrychowicz, S. Dziembowski, D. Malinowski, e L. Mazurek, "Secure multiparty computations on bitcoin," *Proc. - IEEE Symp. Secur. Priv.*, no. c, pp. 443-458, 2014.
"DAS COISAS INTELIGENTES ÀS COISAS QUE SOCIALIZAM", 2014.
H. Hu, G.-J. Ahn, e J. Jorgensen, "Multiparty Access Control for Online Social Networks: Modelo
e Mecanismos", *IEEE Trans. Knowl. Data Eng.*, vol. 25, no. 7, pp. 1614-1627, Jul. 2013.
M. Bastiaan, "Preventing the 51%-Attack: a Stochastic Analysis of Two Phase Proof of Work in Bitcoin".
Martin Kuppinger, "Why Distributed Public Ledgers such as Blockchain will not solve the identification and thus the authentication problem - KuppingerCole," *Blogue*, 2015. [Online]. Disponível: https://www.kuppingercole.com/blog/kuppinger/why-dpl-will-not-solve-the-identification-and-thus-the-authentication-problem. [Acedido em: 02-Abr-2017].
B. C. Alt, S. Moss-pultz, A. Whitaker e T. Chen, "Defining Property in the Digital Environment", pp. 1-19, 2009.

Q. Xia, E. B. Sifah, K. O. Asamoah, J. Gao, X. Du e M. Guizani, "MeDShare: Partilha de dados médicos sem confiança entre fornecedores de serviços na nuvem através de Blockchain", *IEEE Access*, vol. 3536, n.º c, pp. 1-1, 2017.
Mariana Raykova, Hang Zhao e Steven M. Bellovin, "Privacy Enhanced Access Control for Outsourced Data Sharing", *Financ. Cryptogr.*, vol. 7397, pp. 1-13, 2012.
M. Mondal *et al.*, "Forgetting in Social Media: Understanding and Controlling Longitudinal Exposure of Socially Shared Data", *Symp. Usable Priv. Secur., n.º*. Sopas, pp. 287-299, 2016.
Q. Xia, E. B. Sifah, A. Smahi, S. Amofa e X. Zhang, "BBDS : Partilha de dados baseada em blockchain para registos médicos eletrónicos em ambientes de nuvem", *MDPI*, p. 16, 2017.
Y. Kong e J. Seberry, "A Cryptographic Solution for General Access Control A Cryptographic Solution for General Access Control," no. setembro, pp. 461-473, 2005.
Congresso dos Estados Unidos, "Health Information Technology (HITECH Act)," *Índice Excertos de Am. Recover. Reinvestment Act 2009*, vol. 2009, pp. 112-164, 2009.

Printed by Books on Demand GmbH, Norderstedt / Germany